KB271603

뉴 노멀 시대,
원격 꼰대가
되지 않는 법

리더를 위한 재택근무 운영 가이드

뉴 노멀 시대,
원격 꼰대가 되지 않는 법

초판 1쇄 인쇄   2021년 3월 25일
초판 1쇄 발행   2021년 4월 10일

지은이   이복연, 강재상, 박동진

펴낸이   송주영
펴낸곳   북센스
편 집   장정민, 조윤정
디자인   심심거리프레스
마케팅   오영일, 황혜리

출판등록   2019년 6월 21일 제2019-000061호
주소   서울시 은평구 통일로 684 서울혁신파크 미래청 401호
전화   02-3142-3044
팩스   0303-0956-3044
이메일   ibooksense@gmail.com

ISBN 979-11-91558-01-2 (13320)

뉴 노멀 시대, 원격 꼰대가 되지 않는 법

이복연·강재상·박동진 지음

북센스

| **차례** |

제6장 중간관리자를 위한 업무 효율 높이는 재택근무 관리 팁

재택근무보다
조직과 리더십의 변화가 먼저다!

2020년은 부동산 가격 상승, 경제성장률 저하와 양극화, 온라인 강세와 자영업자들의 위기, 대통령 3년 차에 치러지는 총선과 미국의 대선이 있는 해여서 매우 복잡하고 혼란스러운 시기가 될 것이라 예상되었다. 그리고 이런 상황에서 누구도 예측하지 못했던 코로나19의 등장은 전 세계를 큰 충격에 빠뜨렸다.

코로나19는 향후 2~3년 내에 종식될 것으로 보이지만, 이로 인한 여진은 지구 전체를 흔들 만큼 계속될 것이라는 암울한 전망도 나오고 있다. 이에 새롭게 BC/AC, Before Corona/After Corona라는 말이 등장했다. 우리의 삶은 결코 코로나19 이전과 같을 수 없을 것이라는 의미다.

이런 상황이 기업에 주는 충격은 실로 엄청나다. 승승장구하던 기업의 매출이 급락하고, 오프라인 중심으로 운영하던 기업들은 파산으로 이어지고 있으니 말이다. 그러나 이와는 반대로 온라인 중심의 사업 구조를 가진 기업들은 상품이 없어서 팔지 못할 정도로 호황을 누리고 있다. 또한 전반적으로 감소된 수요 때문에 이들 기업에 부품, 서비스를 제공하는 B2B(기업 간의 거래) 업체들의 희비도 극명하게 갈리고 있다. 평상시라면 몇 년에 걸쳐 서서히 일어날 변화가 불과 한두 달 사이에 나타나는 바람에, 아무리 경험 많고 노련한 경영자라도 휘청거릴 수밖에 없는 일들이 매일 터지고 있다.

게다가 결정적으로 이런 상황을 함께 돌파해나갈 직원들이 사회적 거리두기로 회사에 출근하지 못하는 일이 반복적으로 나타나고 있다. 2020년 12월에는 확진자 수가 빠르게 증가해 코로나19의 엄청난 전염력 때문에 마치 살얼음판을 걷는 듯했다.

사회는 불안하고, 경제 상황은 한 치 앞을 알기 어렵고, 직원들은 집에 있는 상황이 반복되면서, IMF 이후 20여 년 동안 아주 가끔 언급되거나 주로 외국에서만 채택되는 시스템이었던 재택근무가 갑자기 전면에 등장했다. 2020년 3월, 국내 기업의 50%

가량이 재택근무를 했다고 했을 정도다. 물론 이번 재택근무 열풍은 기업의 자발적 의지나 직원들과의 합의에 의한 것이 아니라 코로나19라는 상황이 강제한 것이어서, 5월 이후 대부분의 기업은 다시 사무실로 복귀했다. 우리나라 직장인의 절반이 짧게라도 재택근무를 맛봤다는 사실에 큰 의미가 있다. 너무 당연스레 여겼던 '사무실에서 서로 얼굴을 맞대고 일하는 방식'이 아니어도 회사가 운영될 수 있다는 것을 깨닫게 되었으니 말이다.

전체 근로자 중 절반 이상이 재택근무를 하는 극단적인 사태는 특별한 상황이 있지 않는 한 앞으로는 일어나지 않을 것이다. 왜냐하면 우리나라 인력 고용의 주력은 현장 근무가 필요한 제조업과 서비스업이기 때문이다. 하지만 가공할 전염력의 코로나19 때문에 예상치 못한 타이밍에 갑자기 회사가 사무실을 닫고 재택근무를 해야 하는 일들이 계속 일어나는 상황에서 사무실에 얽매이지 않고도 일할 수 있다는 경험은 앞으로도 두고 두고 변화를 가져올 것이다. 기존의 온라인 중심으로의 변화 트렌드와 밀레니얼 및 Z세대에 의한 조직 문화와 노동시장의 변화 트렌드는 재택근무를 단순한 단기적 이벤트가 아닌 조직에 근본적인 변화를 가져오는 변곡점으로 만들 가능성이 크다.

　이 책은 코로나 때문에 시작된 것이건 아니면 '사무실에 모여서 함께 근무한다'는 강력한 규범을 벗어나고자 하는 고민의 결과에서 재택근무를 조금씩 추진해왔건 간에 기업의 경영진과 중간관리자들이 재택근무를 어떻게 이해해야 하는지 알려준다. 또한 이를 자기 조직에 맞게 받아들인다면 어떤 형태여야 하고, 재택근무로부터 최대의 생산성을 뽑아내기 위해 조직과 리더십은 어떻게 변화되어야 하는지도 제시한다. 부디 이 책을 통해 혼란스럽기만 한 코로나19 이후, 우리가 기업을 어떻게 이끌어가야 하는지에 대한 통찰력을 얻는 기회가 되길 바란다.

2021년 봄

이복연, 강재상, 박동진

재택근무란

과연

무엇인가?

2020년은 코로나19가 아니어도 이미 기존의 기업 문법과는
다른 변화가 예정되어 있었다. 온라인 비즈니스는 깜짝 나타난
강세가 아니었다. 2020년은 전체 노동 가능 인구가 감소하는 가운데
가계와 기업, 노동시장 모두 극단적인 양극화 상황에 놓였고,
기성세대와 새로운 세대 간의 차이도 노골적인 갈등 양상으로까지
번지던 시점이었다. 코로나19는 이런 트렌드를 단지 예정보다 빨리
시작하게 만들었을 뿐이다. 재택근무는 이 같은 모순된 상황을
돌파하려는 노력들이 표면화된 현상이라고 볼 수 있다.
이 장에서는 재택근무가 무엇인지, 어떤 배경에서 그것이 만들어졌는지,
그리고 기존의 일하는 방식과는 어떻게 다른지를 함께 살펴보도록 한다.

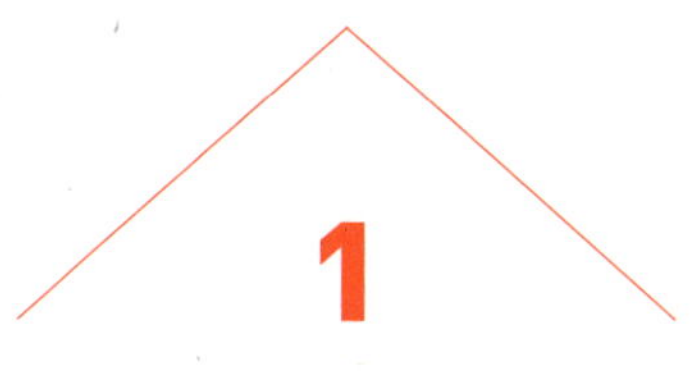

사무실이 아닌 곳에서
일하는 것이 재택근무?

사무실 밖에서 일하는 것이 재택근무일까?

재택근무는 사무실에 출근하지 않고 집에서 일하는 것이지만, 방점은 '사무실에 출근하지 않고' 일하는 것, 즉 원격지에서 하는 근무를 말한다. 코로나19라는 상황은 카페도 갈 수 없었기 때문에 그야말로 재택근무였지만, 일반적으로는 사무실 공간이 아닌 카페 등의 공용 공간이나 원격 사무실 등에서 근무하는 것을 뜻한다.

근무 장소가 사무실이 아닌 것이 별것 아니라고 생각하는 사람들이 많고, 얼굴 못 보고 메신저와 영상 통화, 이메일로 일하려니 불편하기만 하다고 여기는 사람도 많다. 하지만 재택근무는 기존 사무실 근무와는 완전히 다른 성격을 띤다.

💬 재택근무는 비대면 근무다

재택근무를 이야기할 때 가장 먼저 떠오르는 생각은 직원들끼리 얼굴을 맞대지 않고 일한다는 데 있다. 재택근무의 장점은 주변의 방해나 눈치 없이 자기 일에만 집중할 수 있다는 것과 출퇴근에 시간을 낭비할 필요가 없다는 데 있다. 회사 차원에서 보면, 집중이 필요한 직무 수행자의 경우 생산성이 올라갈 수 있다는 것, 그리고 장기적으로 재택근무가 추진될 경우 비싼 사무실 공간을 줄임으로써 다른 곳에 투자할 수 있는 유연성이 생긴다는 점이다.

과거 중후장대형(重厚張大型) 설비 또는 대규모 오프라인 시설을 기반으로 하는 사업이 대부분이던 시절에는 말도 안 되는 개념이었지만, 갈수록 온라인 비즈니스가 전체 산업에서 차지하는 비중이 커지는 현시점에서는 기업이 특정 자산, 특히 낭비에 가까운 사무실 공간을 운영하지 않아도 된다는 점은 큰 장점이 될 수 있다. 주로 해외 업체들, 소프트웨어 회사들에만 한정된 사례지만, 직원들의 거주 지역을 신경 쓰지 않고 글로벌로 채용하고 글로벌로 운영할 수 있다. 예를 들어 인도의 개발자가 한국 디자이너와 일한 뒤 미국에 있는 기획자와 소통하는 식으로 일하는 시스템이 가능하다는 얘기다.

그러나 장점만 있는 시스템이 없듯이 비대면 근무 역시 넘어야 할 과제가 많다. 우선 온라인이나 유선으로만 진행되는 업무는 개개인 업무 단위에서는 효율적일 수 있지만, 부서원 다수의 조율이 필요하거나 함께 모여 논의하는 과정이 필수적인 업무 상황에서는 불리하다. 화면이 아무리 정교하게 전달한다 해도 직접 보면서 하는 논의에 비해 그 밀도가 현저히 떨어지기 때문이다. 또 부서원의 생산성을 판단하는 지표가 대부분 결과물의 품질이고, 현장에서 바로바로 피드백을 주기도 힘들기 때문에 인력 평가나 동기 부여 방안 마련이 굉장히 어려워진다. 직원들의 소속감이 떨어지는 문제도 필연적으로 따라오고 특정 부서에서만 재택근무가 허용되는 경우 차별 이야기도 나올 수 있다. 직원들이 외로워하고 정서적으로 소진된다는 문제도 쉽게 넘길 수 없는 부분이다. 또한 대면 근무를 기반으로 리더십을 배워온 경영진 입장에서도 리더십을 발휘하기 어려운 체계라 할 수 있다.

재택근무는 근무자의 결과물만을 성과로 판단한다

재택근무는 그 특성상 출퇴근이라는 개념이 불분명해진다. 물론 아주 보수적인 회사에서는 시스템에 접속하고 로그아웃하는 시간으로 기준을 정하기도 하고, 단톡방에 출근 인증 문자를 남기거나 웹캠에 얼굴을 비추는 등을 기준으로 삼기도 한다. 하지만 이런 것은 단지 기록일 뿐 사실상 그 직원이 열심히 근무하고 있다는 걸 확인할 방법이 없다. 직원을 신뢰하지 않는 조직에서는 일정 시간 동안 입력 등의 활동이 없으면 앉아서 일하라는 경고를 보내는 시스템을 사용하고 있다. 이 정도로 직원을 못 믿는 회사라면 코로나19 같은 상황이 아닌 이상 절대로 재택근무를 실시하지 않을 것이다. 이렇듯 직원들의 근무 평가를 할 수 있는 근거가 거의 사라지는 게 재택근무다. 단지 출퇴근만으로 평가한다는 건 말이 안 되는 이야기다. 근무하는 모습이 보이지도 않고 다른 동료들이 일하는 모습을 지켜보는 것도 아니니 평가할 수 있는 요소라고는 공식적인 것들뿐이다. 즉 회의나 보고 등에서 그 사람이 보여주는 모습과 그가 제시하는 의견이나 보고서 그리고 실제 업무를 진행한 결과물이 평가의 요소가 된다.

그런데 우리는 이처럼 눈에 보이는 결과물만 가지고 사람을 평가하는 데 의외로 익숙하다. 프리랜서나 외주 업체와 계약했을 때가 바로 그런 경우다. 그들이 제시한 업무 계획에 합의했을 때, 우리는 약속한 시간까지 그저 기다리면 된다. 물론 중간에 변경 사항들이 있다면 급히 회의 등을 할 때도 있지만, 대부분은 그 사람이나 그 업체의 일상적인 활동에 대해서는 신경쓰지 않는다. 그들이 결과물을 가지고 왔을 때 평가를 하고, 어떻게 개선할지 그리고 그와 계속 계약할 것인지 아니면 이번 업무로 끝낼지를 결정하기만 하면 된다.

재택근무가 의미하는 것은 결국 직원과 조직 사이에 이러한 계약을 기반으로 일하는 거리감이 생겨날 것이라는 뜻이 된다. 평가할 요소가 결과물 또는 실적 이외에는 거의 없기 때문이다. 이 경우 조직의 입장에서는 냉정하고 정확한 평가가 가능하다는 장점이 있지만, 동기 부여를 유지시키기가 매우 어렵고, 조직원이 다른 회사를 기웃거리지 않게 하는 소속감도 부여하기 어렵다. 향후 리더로 성장할 인력을 찾아내는 일도 이전보다 훨씬 어렵다. 물론 재택근무도 계속되다 보면 장기간에 걸쳐서는 직원 한 명 한 명에 대해 많은 걸 알게 되겠지만, 여전히 사무실 근무보다는 이해도가 떨어지고, 경영진 입장에서도 오랫동안 직원을 지켜봐야 평가가 가능하다는 부담이 생긴다.

직원 입장에서도 어렵긴 마찬가지다. 혼자서 성과를 만들고, 그 성과만으로 평가받는 것처럼 여겨지기 때문에 직원이 느끼는 부담은 예전보다 더 커지지만, 동료의 도움을 얻기는 더 어렵기 때문이다. 또한 성과가 개인의 노력이나 역량과 반드시 일치하지 않는 경우도 많은데, 재택근무를 하게 되면 실적 이외엔 자신을 드러낼 방법이 별로 없다. 운이 나빴거나 아니면 역량과 태도가 아닌 이유로 실적이 나쁜 직원, 역량과 훈련이 부족한 사원급 직원의 경우 좌절하거나 포기할 여지가 늘어난다는 의미다.

　기업의 인사 및 커뮤니케이션 체계, 경영진의 직원에 대한 이해 및 리더십 스킬 발휘의 중요성이 이전보다 훨씬 커지는 상황이 재택근무의 성과 중심적 특성 때문에 강조되게 된다.

💬 재택근무는 업무를 단위 태스크 중심으로 만든다

재택근무와 사무실 근무의 또 다른 차이점은 업무가 매우 분절적이라는 것이다. 사무실에서 하는 일도 마감이 있고, 회의나 보고 전에 마무리되는 수순을 거친다. 하지만 대면으로 이야기하기 쉽고, 필요하다면 급하게 여러 관련자들을 모으기 쉬우므로 일을 무리해서 마무리 짓지 않고 변화를 가져볼 수 있다. 또 상사가 불분명하게 지시를 내리고, 직원이 좌충우돌하면서 시간을 보내다 보면 그사이에 상사의 머릿속이 정리되어 전체 큰 그림 안에서 다시 지시하는 식의 운영도 가능해진다. 그러나 재택근무를 하게 되면 업무 중간에 유연한 변화를 갖기도 어려울뿐더러, 리더가 불명확한 상황에서 업무를 시킨 후 재조정하는 것도 매우 불편해진다. 화상이나 메신저, 전화 등을 통해 이런 문제점을 최대한 조정해볼 수는 있지만, 오프라인에서 대면으로 일을 처리할 때보다 느리고 어렵다. 직원 입장에서도 업무 도중에 불분명한 상황이 생겨도 상사에게 계속 연락해서 물어보기가 어렵고 주변 동료의 도움도 제약을 받기 때문에 많은 어려움이 따른다.

이 같은 손실을 줄이기 위해서는 무엇보다 리더가 업무를 줄 때부터 명료하게 지시를 내리고, 발생 가능한 문제점을 미리 예상하고 있어야 한다. 조직 차원에서 볼 때 재택근무가 제대로 진행되려면 중간관리자 이상의 인력들의 역량과 업무 집중도가 예전보다 월등히 올라가야 한다는 숙제가 생긴다. 이런 이유로 각 리더들은 마치 하나의 프로젝트 매니저처럼 일해야 한다.

다만 이렇게 리더의 역량과 경험만으로 돌릴 수 없는 문제들, 특히 단위 태스크로 나눠서 지시할 수 없는 문제들은 여전히 재택근무로 풀어낼 수 없는 숙제가 된다. 분절적이 될 수 없는 대표적인 태스크가 기획적인 업무들, 즉 현재의 불투명한 상황에 비춰 최선의 경영 대안이 무엇인지를 생각해내는 것과 이를 적절한 이해관계자들에게 설명하고 그들을 설득해내는 숙제들이다. 기획 과제 또는 '집단 창의성'이라고도 부를 수 있는 문제들이다. 같이 모여서 하나의 문제를 오랫동안 고민하다가 갑자기 돌파구를 떠올리는 일은 오프라인에서도 사실 흔한 일이 아니지만, 온라인에서는 그야말로 기대하기 어려운 결과물이다. 보통 재택근무 상태가 되면, 이런 과제는 결국 리더의 몫이 된다. 사무실에서 일할 때보다 이미 리더에게는 관리 부담이나 실적에 대한 부담이 높아져 있는데, 동시에 창의적 아이디어도 혼자 떠올려야 하니 리더는 이중 삼중으로 과부하 상태가 된다.

온라인에 맞도록 업무가 분절적으로 지시되고 수행되는 것은 소위 말하는 '암묵지(tacit knowledge)'의 조직 내 전파를 매우 더디게 만들어 조직 문화적 도전 과제를 만든다는 또 다른 숙제가 있다. 암묵지는 문서 등의 공식적인 자료나 매뉴얼로 만들 수 없지만, 조직의 운영과 경쟁력을 위해서는 필수적인 내용들을 뜻한다. 리더 그룹의 행동을 본받아 자기를 바꿔보려는 부하 직원들에게는 리더의 말과 행동, 눈빛, 외모 등 수많은 요소가 학습 대상이 된다. 특히 크고 복잡한 과제를 맡아서 그것들을 정리해내고, 각각의 필요한 요소를 찾아 채워 넣고, 마지막으로 결과물을 만들어내는 리더의 모습은 그 자체로 가장 좋은 학습 방법이다. 하지만 온라인 혹은 이메일이나 화상 통화로 아주 부분적인 과제만 주어지고, 이를 수행하는 것이 반복되는 상황에서는 부하 직원들이 리더의 모습을 배울 수가 없다. 단기적이라면 몰라도 장기적으로는 조직 경쟁력에 치명타가 될 수도 있다. 이와 같은 상황이 오래되면 극히 제한된 상태에서도 리더의 모습 같은 암묵지를 학습해낼 수 있는 역량과 태도 그리고 자발적 의지를 갖춘 직원을 뽑는 것이 무엇보다 중요해진다. 이런 직원들을 선발한 이후에는 다시 기업 문화를 교육하는 것도 매우 중요한 과제가 된다.

이처럼 재택근무는 단순히 '사무실이 아닌 곳에서 직원이 일한다'는 문제가 아니다. 재택근무라는 환경이 만들어내는 맥락은 분명 직원들의 만족도를 높이고, 삶과 일의 균형을 찾기에 매우 유리한 제도이며, 우리 회사가 하지 않아도 채용 시장에서 경쟁사가 도입하면 결국 대응을 해야 하는 제도다. 하지만 기존의 조직에서는 거의 고민되지 않았던 과제들, 즉 조직원들에게 온라인으로 동기 부여를 하고, 업무를 지시하고, 함께 결과물을 만들어내고, 이를 적절히 평가하는 과정에서 소속감을 갖게 하고, 함께 학습하며 역량을 키우거나 리더십을 배우게 하는 이 과정 전부가 새로운 숙제가 된다. 리더들은 익숙지 않은 상황에 따라 효율이 떨어지는 것임에도 불구하고 더 많은 에너지를 업무 배분과 성과 측정 그리고 직원 관리에 투입해야 한다.

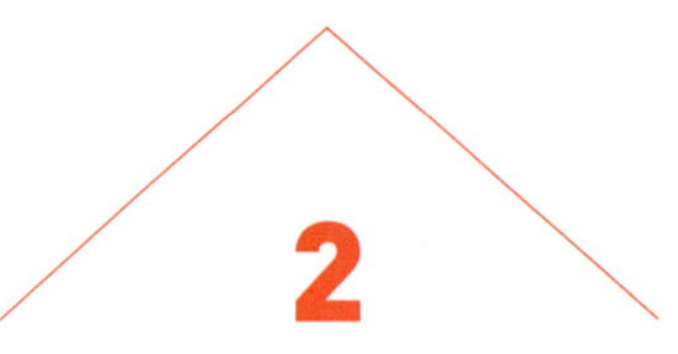

2

이미 시작되고 있었던 재택근무,
국내 도입이 부진한 이유는 뭘까?

국내에서의 재택근무 관련 대규모 도입 사례는 코로나19 이전에는 찾아보기 힘들었다. 주로 IT 분야의 스타트업들에서만 도입되었는데, 기업의 특질이나 직무의 성격 그리고 경영진의 특성 및 기업 문화 등이 모두 작용되어 나타났다. IT 분야에서도 개개인의 창의성에 대한 요구가 높아 직원이 반드시 혼자서 집중하는 근무 시간이 필요한 업종들이었던 게임 콘텐츠, 포털 온라인 서비스, 애플리케이션 개발사 등이 재택근무를 선제적으로 도입했다. 특히 소규모 스타트업들 사이에서는 재택근무가 코로나19 이전에도 흔했다. 사무실에 모여 있어도 어차피 혼자서 자기 일에만 집중하기 때문에 직원들의 만족도를 위해 재택근무를 소규모로 운영했던 것이다. 하지만 주로 개발자와 디자이너 직군으로 한정되었고, 평소의 시스템 운영을 책임지는 부서나 계속적인 협업이 필요한 부서 그리고 콜센터 등 고객 서비스와 직접 연결되는 부서는 사무실 근무를 했다. 즉 일정 규모 이상이 되면 IT 업종에서도 전사 차원의 재택근무는 아니었던 셈이다.

이외에도 미국이나 유럽의 외국계 회사들의 한국 지사에서 재택근무가 도입된 경우가 많다. 이들은 전 지구적으로 인력들이 흩어져 있고, 하나의 업무가 '미국 → 한국 → 인도 → 유럽 → 미국' 등 세계적으로 연결되어 돌아가므로 낮 근무 시간을 맞추기 어렵기 때문에 재택근무를 하는 경우도 있다. 또는 기업 문화 전반에 원격근무가 일반화되어 있어 한국에서도 자연스럽게 재택근무를 하는 경우가 있다. 국내에서 노동자 고용의 대부분을 차지하는 대기업이나 일반적인 중견·중소 기업에서 재택근무는 아주 소규모로 이루어지거나 특별한 이벤트성 사례를 제외하고는 상당히 드문 편이었다.

재택근무의 국내 도입이 부진했던 이유는 정보 공유나 업무 관리가 어렵다는 재택근무의 근본적 이슈에 따른 한계도 있겠지만, 무엇보다 원활한 재택근무를 위한 인프라 부족과 국내 기업 특유의 기업 문화 그리고 이와 연계된 기업의 HR 등 인사 관련 시스템의 문제 때문으로 보인다.

💬 재택근무를 위한 인프라 부족

우선 재택근무와 관련된 인프라 문제는 초대형 기업이 아닌 대기업이나 중견 기업에서 흔히 부딪히는 문제이고, 가장 민감한 것은 보안과 관련된 시스템 통합의 이슈다. 시스템이 이상적으로 구축된다면 기업이 대규모 클라우드 시스템을 가지고 있고, 어디에서 어떤 시스템으로 접속하든 사무실에서와 동일한 수준의 업무 환경과 데이터 접근성 그리고 보안이 유지된다. 이 정도면 이미 충분히 재택근무를 할 수 있는 기반이 만들어진 것이다. 그리고 업무 데이터 접근 이외의 온라인 협업을 위한 공동 작업 도구, 사내 메신저, 이메일과 연계된 영상 회의 시스템, 출근과 퇴근 등을 확인할 수 있는 시스템 등이 갖추어진다면 어지간한 업무들은 원격지에서 처리해도 큰 불편함이나 문제가 없다. 하지만 기업체 내부에서 이와 같은 시스템을 철저히 준비하고, 하나의 아이디로 이런 서비스 모두를 접근할 수 있으며, 매우 높은 보안 수준을 제공하는 회사들은 국내에서 손에 꼽을 정도다. 이는 기업 정보 시스템이 완전하게 통합되었다는 의미이고, 그 기반 위에 커뮤니케이션 도구들이 추가되어 있다는 의미이기 때문이다. 이런 시스템은 삼성전자나 SK텔레콤, 네이버, 카카오 등 초대형 기업 또는 IT 기업에서만 기대할 수 있는 수준이다.

일반적인 대기업이나 중견 기업에서는 회사의 업무용 자료가 사무실에 있는 부서의 공유 폴더에 있거나 심지어 개인의 PC에만 저장되어 있는 경우도 흔하고, 메신저는 업무용이 아닌 카카오톡 등 개인용 메신저와 뒤섞여 사용되어 업무 파일 보안이나 직원의 사생활 보호도 안 되고 있다. 또한 줌이나 스카이프 같은 외부 영상 통화 프로그램을 이용하는 데도 제약이 따른다. 간혹 집 PC에 웹캠이 없어 부랴부랴 이를 새로 설치하느라 시간을 허비하는 일들이 종종 벌어지기도 한다. 혹은 특정 프로그램은 보안상의 문제로 회사 PC에서만 가능해 재택근무 도중 회사에 출근해야 하거나, 회사에 있는 동료에게 아이디와 비밀번호를 모두 알려주고 처리해달라고 부탁하는 경우도 흔한 일들이다.

이런 문제들이 반복되면 재택근무의 기본적인 효율이 나올 수가 없다. 그렇다고 이를 해결하기 위해 시스템 통합을 추진할 경우, 엄청난 투자 비용이 들어가야 한다. 기업체에서 ERP(전사적 자원 관리) 같은 프로젝트에 한 번이라도 참여해봤다면 충분히 이해할 수 있는데, 막대한 시간과 예산 투입이 있어야만 한 단계씩 발전해나갈 수 있는 일이다. 외부 업체들이 저렴하게 제공하는 시스템을 최대한 활용하는 경우에는 보안 문제가 심각해지고, 각 업체별로 아이디와 비번이 다르고, 사용법도 모두 배워야 하기 때문에 이 역시 상당한 시간 낭비와 비효율을 가져온다. 그런 이유로 경영진은 재택근무를 도입하고 싶어도 난관에 부딪치게 되고, 경영진이 '재택근무를 반드시 활성화시키겠다'는 의지를 보이지 않는 한 주저하게 될 수밖에 없다.

재택근무를 수용하는 기업 문화 부재

인프라는 시간이 지나면서 조금씩 개선할 수 있다. 초기에 효율이 떨어지고, 보안 문제를 간과할 수는 없겠지만, 그것이 재택근무 자체를 시도하지 못할 정도의 절대적인 문제는 아니다. 그보다 더 큰 어려움은 우리나라의 기업 문화라고 할 수 있다. 한마디로 표현하자면 우리나라의 기업들은 직원들을 충분히 신뢰하지 않는다.

재택근무는 기본적으로 직원이 눈에 보이지 않고 사무실에 출근하지 않더라도 일을 열심히 할 것이고 어떻게든 결과물을 만들어낼 것이라는 신뢰가 있어야 가능하다. 하지만 기업의 많은 관리자들이 직원이 눈에 보이지 않으면 불안해한다. 재택근무 이전에 권한 위임에서 매우 큰 어려움을 겪고 있던 근본적인 이유가 직원의 일거수일투족을 파악하는 관리자가 일 잘하는 사람이라는 믿음 때문이었음을 생각해보자. 관리자에게 동선이 파악되지 않고, 조직에서보다 더 큰 자유를 주는 재택근무가 쉽게 정착하지 못하리라는 건 그야말로 명약관화(明若觀火)한 이치다. 매 순간 인원 점검을 해야 하고, 직원을 멀리 두었을 때 불안해하는 매니저가 많은 기업에서는 아무리 시스템이 좋아도 재택근무는 선택 불가능한 시스템이 될 수밖에 없다.

💬 재택근무와 맞지 않는 인사 평가 시스템

관리자 개개인의 불안이나 기업 문화 때문에 직원을 신뢰하지 못하고, 권한 위임도 제대로 되지 않아서 발생하는 어려움 외에도 재택근무를 향한 발걸음에는 또 다른 제약이 존재한다. 바로 현재의 기업 인사 등 다양한 경영 시스템이 재택근무와 잘 맞지 않는다는 사실이다. 재택근무는 기본적으로 분절적이고, 개인 단위로 나눠질 수 있는 업무를 자신의 책임으로 만들어내고, 그 결과를 평가받는 시스템이다. 인사 평가나 훈련, 교육, 리더 발굴 등의 HRD(인적 자원 개발)적인 측면뿐 아니라 보상이나 진급 등의 체계도 이런 재택근무 특성을 반영해야 한다.

직원이라면 얼마나 자기 주도적으로 일하고, 얼마나 적절하게 상급자와 커뮤니케이션하고, 원격지에서 서로 떨어져 있더라도 얼마나 적극적으로 팀 공통의 과제를 해결하려고 노력하는지 그리고 혼자서 얼마나 실적을 잘 만들어내는지 등을 중심으로 평가해야 한다. 직무 내용 역시 이에 맞게 설계되어야 한다. 상급자의 경우 직원 개개인의 활용도, 즉 업무를 얼마나 효율적으로 나눠주고 동시에 다시 합쳐서 성과와 연결되는 전체 결과물로 만들어내는지를 확인해야 하고, 이런 상황에서도 직원 개개인의 동기 부여 상태와 소속감을 상승시켜주는지가 주요 체크 포인트가 된다. 과거처럼 보고서를 자주 제출하거나 윗사람의 눈치를 잘 보거나 경영진과의 인간적인 친밀성만 가지고 평가할 수 없다는 뜻이며, 동시에 부서에 사고가 얼마나 나지 않느냐 같은 보수적이고 부정적인 평가 기준만으로 조직의 건강성을 파악할 수 없다는 뜻이기도 하다. 기업의 인사 시스템의 성과 측정과 보상 및 진급 기준이 철저하게 실적과 팀 관리 능력 중심으로 변화해야 한다.

이러한 변화는 경영진에게는 매우 부담스러운 일이다. 선뜻 시도하기 어려울 뿐 아니라 재택근무를 도입하면 어떻게 직원을 판단하고 평가해야 하는지 어려움을 느끼기 때문에 사무실 근무로 되돌리려는 생각만 하게 된다.

카카오 kakao

◆ 개요

카카오는 전 직원을 대상으로 원격근무를 도입했다. IT 기업이고 또 메신저를 기반으로 성장한 기업이라 전면 원격근무 시행이 타 기업보다는 용이했던 것으로 보이며, 향후에도 이를 유지할 것이다.

◆ 원격근무 도입 현황

전사 조직 활성화 및 업무 방식 변화의 기회 마련을 목적으로 함

◆ 원격근무 시행

- 본사에서 먼저 원격근무를 시작했으며 계열사는 자체 판단에 맡김
- 종료 시점은 미정. 무기한 원격근무 체제
- 원격근무 대상은 필수 인력을 제외한 전 직원
- 재직자가 판교 사무실로 출근하기 위해서는 조직장이 회사의 허가를 받아야 함
- 사실상 전 직원 대상임
- 자회사는 본사의 방침을 따름

◆ 순환 출근제로의 전환

- 조직별로 주 1회 순환 출근
- 조직별로 주 2회 '출근 요일' 지정 후, 그중 1회를 자율적으로 선택해 출근

◆ 향후 방침

- 원격근무 자체에 문제점을 찾지 못했다.
- 현재 원격근무 형태를 계기로 향후 업무 방식에 변화를 꾀하기 위해 준비 중이다.

엔씨소프트 

◆ 개요

넥슨, 넷마블과 함께 이른바 게임업계 '3N'으로 꼽히고 있는 엔씨소프트. 이 기업이 원격근무를 도입한 가장 큰 이유는 바로 코로나 감염 방지다. 향후 전면 재택근무에도 소극적인데, 가장 큰 이유는 아무래도 게임 개발 과정에서의 보안 문제 때문으로 보인다.

◆ 원격근무 도입 현황

전사 코로나 이슈 대비 및 대응이 목적임

◆ 원격근무 시행

- 2교대 순환 재택근무 시행
- 부서별로 A·B조로 나눠 절반은 출근하고 나머지 절반은 재택근무
- 주 4일 순환근무제 및 전면 자율 출퇴근제로의 전환
  ① 주 4일 순환근무제는 모든 구성원이 매주 1일의 특별 유급 휴가를 받고 필수적으로 사용하는 방식
  ② 일괄적으로 금요일에 쉬는 것이 아닌, 구성원 개인이 휴일을 정함
- 전면 자율 출퇴근제의 경우, 기존 출근 시간(오전 7시 ~11시)과 기본 근로 시간을 없애고 개인이 스스로 결정하는 제도

◆ 향후 방침

- 전면적으로 재택근무를 도입할 계획은 없다.
- 전면 재택근무를 도입하지 않은 가장 큰 원인은 '보안' 때문이다. 원격근무자가 개발 과정에서 회사의 자산을 외부로 반출하는 것을 막기 어렵다.
- 게임업계에서도 새로운 근무 형태 도입 여부에는 아직 신중한 입장이다.

왜

재택근무가

필요해졌을까?

이미 오래전부터 재택근무 시스템 적용에 대한
이야기가 많이 나오고 있었다. 재택근무가 갖고 있는 많은 장점에도
불구하고 경영 환경상 도입하기가 쉽지 않았기 때문이다.
그런데 갑자기 재택근무는 선택의 문제가 아닌
당연히 필요한 것처럼 이야기되고 있다.
그 이유를 들라면 사회 변화와 기업 환경 변화, 기업 성장과
조직 관리 차원에서 필수 불가결한 선택지가 되어버렸다고 할 수 있다.
어쩔 수 없이 재택근무를 선택할 수밖에 없는 이유에 대해
지금부터 하나하나 자세히 짚어보겠다.

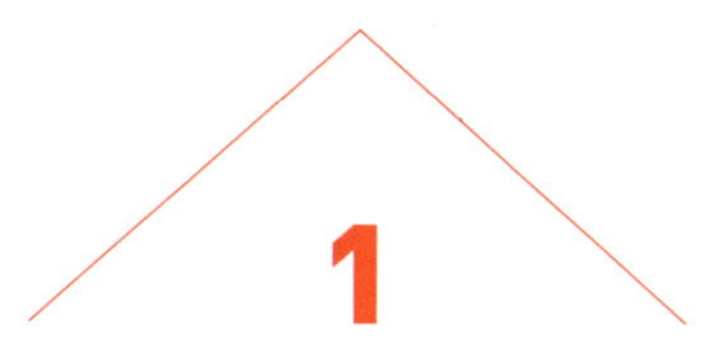

비대면 커뮤니케이션 산업과
시장의 외부적 변화가 시작되다

코로나19로 바뀐 산업과 생활 그리고 일자리

2020년 12월, 코로나19의 엄청난 전염력으로 인한 사회적 거리두기가 강화되면서 사람들 사이의 거리가 더욱 멀어지는 상황이 펼쳐지고 있다. 생각해보면 거의 모든 산업이 사람과 사람 간의 좁은 거리를 기반으로 삼고 있는데, 이런 산업을 표현하는 것이 바로 '오프라인'이다. 물론 코로나19 이후에도 이들 산업은 굴러가야 하고, 사람들은 거리를 두면서라도 오프라인 서비스를 이용하겠지만, 코로나19 이전처럼 자유롭고 편안한 상태에서 소비가 이루어지지는 않을 것이다. 코로나바이러스 치료제 및 백신이 나오기 전까지는 도저히 다른 방식으로 대체하기 어려운 오프라인 서비스들은 거리를 두고 이용하는 식으로 운영되겠지만, 대부분의 소비 행동은 온라인이 더 대세를 이룰 것 같다.

기존에도 온라인이 절대적 강세를 띠는 분야들이 있었다. 가령 쇼핑, 게임, 영상 콘텐츠 소비나 수험 교육 강의 등은 온라인이 대세였다. 하지만 코로나19 이후 이제 거의 모든 산업이 온라인을 핵심으로 하고, 정말 어쩔 수 없는 부분만 오프라인에 남겨놓을 것으로 보인다. 간단히 생각해봐도 영화관 대신 집에서 넷플릭스로 영화를 보고, 오프라인 수업 대신 온라인 수업이나 강의를 듣는다. 또 음식점에 가는 대신 배달을 선택하고, 아직 법적으로 완전히 허용되지 않았지만 병원을 가는 대신 원격 진료를 받는다.

이런 '언택트+온라인' 트렌드는 기존의 오프라인에 혁명적 변화를 초래할 것이다. 코로나19로 가장 큰 타격을 받고 있는 미국에서는 100년 넘는 역사를 가진 백화점 '니먼 마커스', 수십 년간 헬스클럽의 상징이었던 '골드 짐' 등이 파산 신청을 했다. 지난 10년 이상 시장이 축소되고 온라인 경쟁사의 압력에 노출되었다는 이야기가 반복적으로 나오던 업체들이었지만, 그 생명줄을 끊은 것은 코로나19였다. 우리나라도 온라인 유통업의 공격에 대형 마트들이 휘청거리고, 오프라인 교육업체나 각종 대면 서비스 업종이 망한다는 이야기가 계속 흘러나오고 있다. 그로 인해 오프라인에서 삶을 영위했던 많은 사람들이 이제는 배달 플랫폼의 라이더가 되고, 네이버 스마트스토어에 입점한 판매자가 되고, 유튜브 크리에이터가 되고 있다.

이런 상황에서 재택근무는 값비싼 지식노동자 계급의 전유물이 되고, 재택근무를 제공할 수 있는 업체와 아닌 업체의 수준이 갈리는 인식이 형성되고 있다. 재택근무를 적극적으로 받아들이는 업체들은 오프라인 중심 업종이라고 해도 이미 시스템과 조직 문화가 재택근무를 충분히 수용할 수 있는 역량이 있거나, 아니면 기업의 모든 부가가치가 온라인에서 생성되기 때문에 기업 실적에 큰 충격이 없는 업체들이다.

이런 모습을 지켜보자면 재택근무를 편하게 채택할 수 있는 업종과 그렇지 못한 업종을 서로 비교하게 된다. 내가 다니는 회사보다 더 나은 곳처럼 보이고, 이곳에서 근무하는 직원들이 그렇지 못한 직장인들보다 상위에 위치했다고 인식하게 되는 것이다. 이는 결국 언택트 경제와 온라인화라는 말이 단순히 사업 기회적인 측면이 아니라 기업 전체에 대한 평가와 직원들의 만족도 등 수많은 요소에 영향을 준다는 의미이다. 코로나19에 대한 완전한 해결책이 나오지 않는 한 개별 기업체에서 이 트렌드를 거스르기는 정말 어렵다는 것을 보여주기도 한다.

2

대면 소통이 어색한 디지털 세대,
기업의 중심이 되다

💬 텍스트로 온라인에서 소통하는 디지털 세대

온라인 환경에 익숙한 MZ세대, 소위 디지털 세대가 본격적으로 기업에 유입되고 있다. 이들은 "전화 주문이 부담스러워 배달을 못 시켜 먹겠다"고 할 만큼 온라인과 모바일에서 텍스트로 소통하는 것을 선호한다. 기존 사회 활동과 기업 활동에서 너무나 당연시되던 대면 소통이나 유선 소통을 부담스러워하는 세대다.

몇 년 전 디지털 세대를 팀원으로 두고 일하던 시절에 겪었던 일이다. 몇몇 사안에 대해 내용을 확인하라고 팀원에게 지시했는데, 반나절이 지나도 소식이 없었다. 복잡하고 어려운 내용이 아니어서 시간이 늦어지는 것이 의아했지만, 우선순위가 더 높은 다른 일 때문에 늦어지는 것이려니 하고 기다렸다. 그런데 너무 늦어져서 결국 팀원에게 진행 상황을 물어보러 갔는데, 마침 내게 이메일을 쓰고 있었다. 그래서 어떻게 일을 처리했는지 물었다. 지시를 받고 상대방에게 내용 확인을 위한 이메일을 쓰고 회신을 받는 데만 반나절이 소요되었고, 받은 내용을 다시 내게 보고하기 위해 이메일로 내용을 정리하느라 수십 분이 소요되었다는 것이었다. 내가 금세 할 수 있을 것이라 기대했던 이유는 상대방에게 전화해서 물어보면 5분이면 되고, 그 내용을 간단히 메모한 뒤 내게 구두로 이야기해주면 다 합쳐서 아무리 길어도 20~30분이면 될 것으로 생각했기 때문이다. 처음 이런 일을 겪었을 때는 너무 당혹스러웠으나 이후 그 팀원뿐 아니라 새로 들어오는 비슷한 또래의 직원들 대부분이 비슷하게 일하고 있었다. 세대가 바뀌었음을 다시 한번 확인하는 순간이었다.

💬 돈보다도 '워라밸'을 추구하는 세대

또한 직장인들이 워라밸, 워크 앤드 라이프 밸런스(Work and Life Balance)를 추구하는 성향도 훨씬 강해졌다. 워라밸 자체가 일반적인 단어가 되었을 정도다. 그런데 코로나19 이후 직장인들은 워라밸을 더욱 중시하게 되었다. 2020년 8월, 잡코리아-알바몬이 신입직 및 경력직 구직자 1,270명을 대상으로 '코로나19 이후의 직장관 변화'를 주제로 설문조사를 실시했다. 조사 결과는 '워라밸의 중요도'가 코로나19 이후 가장 많이 달라진 직장관으로 나타났다. 직장관에 변화를 겪었다고 답한 구직자 496명 중 69.2%가 "코로나19 이후 금전적인 보상보다는 나의 건강, 워라밸이 더 중요하게 여겨진다"고 답했다. 이 같은 응답은 신입직 구직자에게서 73.6%로 경력직 구직자의 60.6%보다 13%나 높았다.

요즘 세대들은 대면이나 유선 소통보다는 텍스트 중심의 온라인과 모바일 소통을 훨씬 익숙하고 편하게 느끼는 데다 워라밸을 중시하기 때문에 재택근무는 아주 매력적인 근무 방식이 될 수 있다. 현재 기업 현장에는 디지털 세대가 실무급의 중

심 인력이 되었고, 일부는 팀장이나 중간관리자까지 되어 있다
고 생각하면 조직 관리와 운영 측면에서 기업이 더 이상 재택근
무를 외면하기는 쉽지 않은 상황이다.

3

N잡러를 요구하는
노동시장의 변화가 시작되다

현재의 분위기를 보면 코로나19는 우리가 겪었던 그 어떤 경제 위기와도 다르게 장기전이 될 것으로 예상된다. 이에 기존 오프라인에 있던 수많은 것들이 온라인으로 넘어왔다. 따라서 오프라인은 이제 온라인 활동의 보완적인 요소로 작용하거나 온라인에서 모든 의사 결정을 한 후, 마지막 순간에 물리적인 처리를 위해서만 존재하게 될 것으로 예측된다. 이렇게 되면 기존 오프라인 비즈니스들은 몰락의 길을 걷게 될 것이고, 우버나 공유 오피스처럼 한때 각광받았던 오프라인에 기반한 공유 경제 역시 사양길에 접어들 수밖에 없다. 대신 오프라인의 제품과 서비스를 온라인화시키는 사업들은 각광받을 것이다.

코로나19 이후, 오프라인 중심으로만 판매하던 업체들이 온라인 판매를 시작했을 뿐 아니라, 오프라인 체험형 교육이 현장 실습을 제외하고는 모두 온라인화하고 있는 추세다. 또 오프라인에서 도저히 벗어날 수 없을 것 같던 식당들도 배달 전문 업체로 변신하거나 키오스크를 설치해 운영비의 경쟁력이라도 가지려고 한다. 콜센터 같은 업무도 챗봇이나 AI 상담사로 조금씩 바뀌어가고 있다.

기술 개발, 임대료 인건비 상승, 대면 서비스를 불편해하는 젊은 세대의 특성에 따라 온라인화는 코로나19 이전에도 충분히 성숙하고 있었지만, 여전히 기존의 오프라인 방식이 더 좋고 편리하다는 업종도 많았다. 미용이나 피부 관리 등 본질적으로 오프라인이어야 가능한 서비스업과 고객사와의 신뢰 관계가 중요한 B2B 영업도 전통적인 방식을 선호했다. 그러나 코로나19는 이제 업종과 상관없이 최소한 부분적으로라도 온라인을 채택하도록 하고 있다. 미용 서비스 자체는 오프라인에서 하지만, 미용사의 실력을 확인하거나 원하는 헤어스타일, 나에게 편리한 위치를 찾는 일과 예약, 결제, 리뷰를 남기는 것 등을 온라인에서 할 수 있는 서비스가 등장하고 있다. B2B 영업도 고객과의 간단한 논의는 영상 회의로 진행하고 핵심적이거나 속 깊은 이야기만 오프라인에서 진행하는 식의 하이브리드 방식이 채택될 수 있다. 과연 그렇게 될 것인가 싶겠지만, 예전에는 익숙한 동네 식당에 전화로 음식 주문을 했던 배달도 이제는 어디에 있는 식당인지도 모르는 곳에 앱으로 연결해 음식을 주문하는 세상이 된 지 오래다.

💬 온라인 시대의 새로운 노동 형태, 긱 이코노미

오프라인의 서비스 업종은 원래 인력 고용을 많이 하는 직종이다. 대부분의 일을 사람이 직접 해야 하기 때문이다. 그래서 온라인화는 편리함도 있지만 인력의 축소를 의미하기도 한다. 통계를 살펴봐도 배달의민족 서비스 회사인 우아한형제들은 2018년 900여 명의 직원이 3,100억 원의 매출, 즉 1인당 3억 4,000만 원 정도의 매출을 올렸지만, 이들을 통해 음식을 만들어 파는 식당들은 종사 인력 1인당 1억 원의 매출도 올리지 못했다. 플랫폼 때문에 오프라인 업종에서 밀려나는 인력들은 결국 플랫폼에 종사하는 노동자가 된다. 소위 '긱 이코노미(gig economy)'라고 부르는 플랫폼 노동자가 되는데, 대표적으로 배민라이더나 쿠팡플렉스라고 부르는 사람들이 여기에 속한다. 이제 법률로 막히기는 했지만 '타다'의 드라이버들도 여기에 해당되고, 해외의 우버나 각종 배달 드라이버들도 마찬가지다. 2010년까지 금융 회사의 CS(고객 만족과 고객 서비스)를 처리해주는 외주 콜센터가 큰 고용주로 떠오르고, 그 이전에는 대형 마트가 인력들을 대규모로 채용했던 것처럼 오프라인 업체들의 온라인화가 가속화할수록 긱 이코노미와 같은 새로운 형태의 노동 형태가 등장한다.

또한 온라인화 혹은 오프라인 제품·서비스의 디지털화는 결국 예전에는 전문가의 '감'으로 했던 일을 데이터 중심으로 변화시킨다는 의미이기도 하다. 20년 전 불었던 닷컴 열풍 때와의 차이점은 이젠 단순한 온라인에서 제공되는 것이 아니라 사람이 했던 많은 일들을 시스템이 대체한다는 데 있다. 배달 앱을 이용하면 점포에서 고객의 전화 주문을 받는 직원이 필요 없게 되고, 키오스크를 설치하면 홀 관리 직원을 줄여도 된다. 하지만 데이터의 축적은 이 정도가 아닌, 급격하게 사람의 영역에 파고들고 있다. 강사가 문제 풀이 방법을 알려주던 토익 시장은 AI에 기반하여 개인별 실력에 맞는 문제를 연습시켜주는 솔루션 업체가 장악했다. 또 전 세계 수많은 언론사에서 개인의 의견이 필요치 않은 스트레이트 기사는 AI 기자가 작성해 배포하고 있다. 수많은 법률 담당 비서들이 수행했던 사건 관련 판례를 찾아내거나 분석하는 일들도 AI 법률 검토 시스템이 더 빠르고 더 정확하게 찾아낸다. 또한 수만 장의 엑스레이나 CT 촬영 사진에 기반해서 암 가능성을 분석하는 AI 의사도 본격적으로 채택되고 있다. 심지어 치과기공사들이 오랜 기간의 경험과 연습을 통해 만들어왔던 치아 보철도 AI를 기반으로 한 3D 자동 생성 이미지와 지르코늄 3D 프린팅을 이용해 제작되고 있다. AI의 발전으로 소위 '저부가가치 직업' 또는 '저부가가치 업무' 그리고 '경험 기반의 반복적인 숙련도를 요구하는 업무'들은 아예 없어지거나 시스템으로 대체될 것이다.

온라인과 AI가 몰고 올 노동시장의 변화는 특정한 전문직이나 시스템 관리자나 운영자를 제외한 나머지 사람들이 살아가면서 직장과 직업을 수시로 바꿔야 살아남을 수 있다는 뜻이다. 이것은 한 가지 이상 여러 가지 일이나 직업을 동시에 하는 N잡러로 살아야 한다는 것을 의미한다. 메인 직업과 서브 직업을 갖고 살아가는 것이 일상적으로 되면 그렇게 일하기 위해 무조건 일부는 재택근무를 할 수밖에 없다. 이는 일을 주는 회사와 일을 받는 노동자 모두에게 필수적인 상황이 될 것이다.

삼성전자 

◆ 개요

코로나 초기에도 임산부나 기저질환자를 대상으로 제한적인 재택근무를 시행했던 삼성전자가 재택근무 가능한 직군(예: 마케팅, 디자인 등)을 대상으로 이를 시범 운영할 예정이다. 코로나 확산 및 장기화로 인한 불가피한 선택이지만, 이후 진행 추이에 따라 제조업계에 미칠 영향을 주시할 만하다.

◆ 원격근무 도입 현황

코로나 초기였던 2020년 2월에 임산부, 기저질환자 등을 대상으로 제한적인 재택근무를 운영했다. 그러다 여름에 코로나 재확산 및 정부의 사회적 거리두기 2.5단계 강화로 인해 9월부터 재택근무를 시범적으로 도입했다.

- 소비자 가전(CE), IT/모바일(IM)사업부 구성원 중 디자인, 마케팅 등 재택근무가 가능한 직원으로 희망자에 한해 한 달간 시범 운영
- 이후 보완점을 점검한 후 추가 운영 여부를 결정할 예정
- 상반기에도 재택근무 시행을 검토했으나 제조업의 특성과 보안 등 현실적 문제로 도입하지 못함
- 코로나 장기화, 내부 확진자 발생으로 인해 불가피하게 도입

◆ 개요

삼성전자와 동일하게 임산부, 기저질환자를 대상으로 제한적인 재택근무를 시행했으나, 이후 사회적 거리두기 강화로 생산직을 제외한 전 직원의 30%가 재택근무를 실시하는 것으로 방침을 변경했다.

◆ 원격근무 도입 현황

삼성전자와 마찬가지로 임산부, 기저질환자 등을 대상으로 제한적인 재택근무를 운영했으며, 2020년 여름에 코로나 재확산 및 정부의 사회적 거리두기 2.5단계 강화로 인해 8월 말부터 전 직원의 30% 이상이 재택근무를 실시했다.

- 단순 재택근무가 아닌, 재택근무를 포함한 '리모트 근무'라고 발표
- 생산직을 제외한 사무직 중 30% 직원에 적용할 예정

현대모비스 HYUNDAI MOBIS

◆ 개요

2020년 11월, 현대모비스는 본사와 연구소를 대상으로 재택근무를 공식화했다. 카카오, 네이버 등 IT 기업 이외에 모비스와 같이 전통적인 제조업 기업이 재택근무를 정식으로 도입했다는 것은 재택근무가 단순히 코로나를 피하기 위한 미봉책이 아니라, 일하는 방식과 기업 문화의 변화를 나타내는 상징적인 사건으로 보인다.

◆ 원격근무 도입 현황

- 코로나 감염 예방을 위한 미봉책에서 적극적인 변화 기회로 활용
- 코로나19가 확산되던 2020년 2월에 부서별 인원 분배,
  격일 재택근무 형식 도입
  (예: 월요일 출근, 화요일 재택근무 방식)
- 3월에는 재택근무를 중단하는 대신 유연근무제를 확대함
- 출근 시간 조정: 기존 오전 8시~10시에서 오전 10시~오후 1시로 조정
- 하루 5시간 이상, 주 40시간 이상 근무 규정
- 임산부 및 지병이 있는 직원은 재택근무 가능
- 6월 연구소 내 확진자 발생 후, 전 직원 재택근무 재돌입
- 11월 재택근무 공식 제도화
- 본사와 연구소 중심으로 재택근무 공식 제도화
- 공식 시행과 함께 가이드라인 배포
- 재택근무 계획을 하루 전에 사내 시스템에 등록하는 방식으로 진행

◆ 향후 방침

이후 거점 오피스 운영 및 지방 사업장 근무자에 대한 재택근무 확대를 검토 중이다.

왜 기업은 재택근무를 적극적으로 도입해야만 할까?

재택근무는 이미 거스를 수 없는 파도와 같은 것이 되었다.
모두에게 필요한 것이 분명해진 지금, 그렇다면 기업은 외부의 변화
때문에 어쩔 수 없이 재택근무를 수동적으로 받아들여야만 하는 것일까?
그렇지 않다. 재택근무 도입은 불가항력적인 이유와
변화 때문에 시작되었지만, 재택근무를 능동적으로 활용해야만 하는
분명한 이유가 있다. 점점 더 치열해지는 기업 간 경쟁에서
재택근무는 기업의 강력한 경쟁력 중 하나가 될 수 있다.
이 장에서는 기업이 왜 재택근무를 적극적으로 도입해야 하는지
그 이유를 알아보자.

1
산업과 시장의 외부적 변화,
더 이상 간과해서는 안 된다

재택근무를 도입한다는 건 경영진 입장에서는 생각하기 싫은 옵션일 수 있다. 특히 지금까지 만족스러운 실적을 얻고 있던 기업의 경영진이라면 빤히 보이는 걸림돌들을 보면서 위험을 감수할 이유가 없다. 하지만 외부적 요인들, 특히 고객들의 요구와 경쟁사의 도전이 이런 변화를 이끌었거나 이를 통해 자사의 경쟁력을 위협하고 있다면 이야기가 달라진다. 코로나19처럼 등 떠밀려 재택근무를 선택하는 일은 다시 생기지 말아야겠지만, 재택근무를 수용하는 것이 어떤 식으로로든 기업 경쟁력에 도움이 된다면 채택을 할 필요가 있다.

근무 방식의 변화를 꾀해야 할 첫 번째 단초는 온라인 영향력의 확대다. 코로나19가 없었다 하더라도 우리나라 사업의 중추는 오프라인에서 온라인으로 이동하고 있다. 물론 우리 경제에서 수출을 주도하는 대형 제조업의 비중은 지금도 여전히 높다. 이런 기업들에서는 생산직 직원들은 무조건 출근해야 하기 때문에 재택근무를 한다고 해도 사무직 직원이나 R&D 직원 일부 정도일 것이다. 재택근무를 무리해서 시도할 유인이 별로 없다. 실제 외국에서도 제조업체가 재택근무를 하는 경우는 드물다. 하지만 소비자들을 만나는 B2C 형태의 사업들과 온라인 중심의 서비스를 제공하는 B2B 업체들은 어느덧 오프라인이 보조가 되고 온라인이 주력이 되는 세상에 있다.

마트나 백화점 등으로 대표되는 소매업은 온라인의 매출이 오프라인을 넘어선 지 꽤 되었다. 과거 가게를 얻어 옷을 팔고 물건을 팔았을 소규모 개인사업자들도 이젠 네이버 스마트스토어나 G마켓을 통해 온라인으로 물건을 판매한다. '배달의민족'으로 상징되는 것처럼 한때 온라인과는 연결되지 않을 것이라 믿었던 음식업조차 이젠 스마트폰을 통하지 않고 주문하는 것은 상상하기 어려운 상황이 되었다. 오프라인 비즈니스의 온라인화는 단순히 고객들이 온라인을 통해 주문하고 구매한다는 뜻이 아니다. 오프라인 업체들이 온라인에서의 경쟁력을 위해 극단적인 변화도 생각해야 한다는 의미다.

소규모 식당

별 특징 없는 소규모 식당을 운영하는 사장을 예로 들어보겠다. 예전에는 매장도 목 좋은 곳에 얻어야 하므로 임대료 걱정에 시름이 깊었다. 또한 인테리어에도 많은 돈이 지출되었다. 이런 큰 고정비를 감당하기 위해서는 음식의 회전율이 높게 나와야 하고, 홀 운영도 대규모 고객을 빠르게 대응할 수 있게 설계되어야 한다. 또 음식 조리 시스템 역시 이런 상황을 받쳐줘야 한다. 이 같은 상황만 고려한다면 '싸고 빠르다'가 경쟁력이 되고, 음식 맛은 평균치를 기준으로 삼는 경우가 많다. 문제는 이런 음식은 차별성이 없어서 주변에 경쟁 업체가 나타나면 대응할 방법이 마땅찮다는 점이다.

그러나 만약 이 업체가 온라인에 집중할 경우 굳이 비싼 곳에 매장을 내지 않아도 된다. 위생이나 소방 기준만 맞출 수 있다면 임대료가 저렴한 상가에 자리 잡아도 된다. 홀 역시 필요 없고 조리 시설만 갖추면 된다. 단, 고정비가 낮아지는 대신 플랫폼을 통해 광고를 운영해야 하고, 배달앱에 오른 리뷰를 관리하는 마케팅 업무가 중요해진다. 하지만 이것만으로는 차별화하기 쉽지 않기 때문에 맛과 양을 달리하거나 색다른 메뉴를 시도하는 등의 제품 차별화가 필요하다. 고정비는 아니지만 배달앱 수수료나 배달 라이더 수수료 등의 변동비성 운영비의 비중이 올라가기 때문에 이 모든 것을 충당하려면 회전율과 함께 1회 판매의 단가인 객단가도 중요해진다. 고객이 한 번 주문할 때 좀 더 비싼 음식을 시킬 수 있도록 유도하는 방법들, 가령 프리미엄 메뉴나 세트를 구매하게 하는 등의 노력이 필요해진다. 같은 소규모 식당이지만 오프라인 중심인 것과 온라인 중심인 업체는 내부 운영 목표도 달라지고, 운영 방식도 바뀌어야 한다.

소규모 제조업체

소비재를 생산하는 소규모 제조업체를 생각해보자. 예전에는 마트나 홈쇼핑 같은 대형 유통사에 납품을 해야 판매가 가능했다. 이를 위해서는 충분한 생산 설비를 갖추고, 재고도 상당량 운영을 해야 했다. 그러나 한두 번 납품은 했어도 소비자의 눈에 띄지 않으면 판매 유지가 만만치 않았기 때문에 소규모 업체가 주로 택한 전략은 잘나가는 내셔널 브랜드(national brand), 즉 유명 제품의 마이너 카피를 제작하는 것이었다. 그런 이유로 중국이나 베트남처럼 조금이라도 생산 원가를 낮출 지역을 찾아다녀야 했다. 하지만 온라인이 본격화되면서 SNS나 유튜브, 크라우드 펀딩 등 과거의 TV 광고와는 비교할 수 없을 정도의 적은 마케팅 비용으로도 입소문을 기대할 수 있는 방법도 생겼다. 또한 판매 채널 역시 오픈 마켓 등을 통하면 기존 수수료의 1/2에서 1/3 정도로 판매할 수 있는 방법도 생겼다. 물론 과거와 같은 수준의 원가 경쟁력을 갖추려면 여전히 소품종 대량 생산의 방법이 필요하지만, 수익 중심으로 운영하거나 작은 시장 내에서 입소문을 기반으로 판매하여 매출 대비 수익률을 높이는 방식으로 운영하려는 다품종 소량 생산은 온라인이 훨씬 더 유리하고 적합하다. 덕분에 생산 라인 역시 소규모로만 운영하고, 필요하다면 다른 제조업체를 찾아 OEM(주문자 상표 부착 생산) 방식의 발 빠른 대치도 가능해졌다. 즉 시장 내에서 마케팅을 적절히 수행할 능력만 갖춘다면 예전보다 훨씬 낮은 리스크로 사업을 운영하는 게 가능해졌다. 이런 상황이라면 예전처럼 사무실에 직원들을 모아놓은 채 독려하고 닦달하는 것이 최선의 방법인지 한번 생각해볼 필요가 있다.

B2B 업종

B2B 업종은 전통적으로 대면 접촉을 중시한다. 또 고객에게 신뢰감을 주기 위해 좋은 환경의 사무실을 보여주는 것이 중요했다. 이 점은 지금도 바뀌지 않아서 로펌이나 회계 법인, 전략 컨설팅, 투자 은행 등은 번화한 상권의 핵심 지역에서 사무실을 운영한다. B2B 업종은 영업사원들이 많다. 소비재처럼 곧바로 제품을 구매하는 것이 아니라 기업의 구매 시스템에 따라 매우 복잡하고 긴 과정을 거쳐 제품을 구입하기 때문이다. 주로 부품 제조나 원료 공급, 기업체가 사용하는 설비나 각종 대형 컴퓨터 시스템과 소프트웨어 등을 파는 경우가 이에 해당한다. 소비재처럼 마음에 들어 구매하는 제품이 아닌 제품의 요구 조건 충족 이외에도 거래 기업의 신뢰성이나 담당 직원들의 신속하고 책임감 있는 태도 등도 중요하기 때문이다. 일단 거래가 시작되면 굉장

히 큰 금액이 움직인다. 이런 이유로 B2B 업종에서는 오랜 기간 동안 오프라인 중심, 대면 중심의 비즈니스가 유지되어왔다.

하지만 기업의 소모품을 의미하는 MRO부터 시작된 B2B 거래의 온라인화는 날이 갈수록 확대되는 분위기다. 중국 등에서는 아예 온라인으로만 제조 공장이나 부품 공급처를 찾고, QC(품질 관리)를 하는 서비스도 많이 발달했다. 과거에는 인력에 의존했던 각종 전문 지식 서비스를 온라인으로 처리하거나 아예 AI 등으로 서비스하는 업종들도 많이 생기고 있다. 법률이나 세무, 각종 원격의료와 관련된 서비스는 전 세계적으로 계속 발전해가고 있다. 소프트웨어도 SAP처럼 매우 복잡한 시스템은 어쩔 수 없이 SI 업체를 통해 오프라인 프로젝트 형태로 진행되지만, 그 외의 기업용 소프트웨어들 대부분은 온라인 다운로드 & 결제이거나 웹을 통해 매달 사용료를 지불하는 SaaS 형태가 보편적이 되었다. 이런 서비스나 제품 공급 업체들은 더 이상 오프라인에서 영업사원들을 대규모로 운영할 필요도 없고, 사무실을 크게 운영할 이유도 없으며, 고객사 근처에 지사를 내야 할 이유도 없다. 품질만 충분히 확보된다면 아예 전적으로 온라인 마케팅과 제품·서비스 제공을 하는 시대가 된 셈이다.

⦂ B2B 업종 사례

제니퍼소프트는 직원 20여 명 내외의 소규모 기업용 소프트웨어 제작사로 주 35시간만 근무하며, 아무 장소에서나 일을 수행할 수 있는 기업 문화와 운영 시스템을 가진 것으로 유명하다. B2B 소프트웨어와 서비스를 공급하는 미국의 깃랩(Gitlab)사와 같은 경우에도 사무실이 아예 없고, 전 직원이 재택근무를 하는 것으로 알려졌다. 매우 특수한 산업, 특수한 기업을 사례로 제시한 것이 아니냐고 생각할 수도 있겠지만, 이런 업체들이 구직자 시장에서 우리 기업의 경쟁자로 나타날 수 있다. 혹은 우리가 오프라인에서 사람을 통해 제공하는 서비스들을 온라인에서 더 저렴하게 제공하는 식으로 가져갈 수 있다는 점을 생각하면 완전히 동떨어진 사례만도 아니다.

앞으로는 사무실에서 팀워크를 다지고, 명령하면 열심히 했던 기존의 생산 노하우와 영업 네트워크를 가진 일사불란한 문화보다는 열심히 돌아다니고, 다양한 아이디어를 찾고, 이런 방법을 통해 소규모로 테스트해 실적을 만드는 개개인의 창의성이 강조되는 문화가 더 중요해지게 된다. 따라서 이런 직원의 비중이 높아져야 하고, 기존 직원들에게도 이와 같은 태도를 요구해야 한다. 하지만 사무실에 붙잡아두고 기존 방식대로 일을 시키면서 기존과는 다른 생각을 하라고 요구하거나 창의적인 외부 인재가 들어올 것이라고 기대하는 것은 어불성설이다. 경쟁사가 유능한 인재를 유인하고, 조직 문화를 유연하게 바꾸기 위해 재택근무를 채택하는 데 반해, 우리는 전혀 준비가 되어 있지 않다면, 비슷한 연봉으로는 인재를 구할 수 없는 갑갑한 상황에 처할 것이다.

💬 주력 세대와 중심 직무의 변화

통계청에 따르면 국내 ICT 분야에서 근무하는 사람의 수는 대략 100만 명이 조금 넘는다고 한다. 2,600만 명이 넘는 경제 활동 인구를 고려할 때 매우 적은 수라는 걸 알 수 있다. 하지만 이 적은 수의 인원이 만들어내는 매출액은 2017년 기준 415조 원가량 된다. 국내 GDP의 1/4 수준이다. 이 부가가치의 규모가 얼마나 대단한지는 국내 산업 중에서 가장 부가가치가 낮은 것으로 알려진 숙박·음식업과 비교해보면 알 수 있다. 2017년 통계청 기준으로 숙박·음식업 종사자 수는 220만 명이며, 매출액은 141조 원이다. ICT 분야와 비교할 때 종사자는 2배가 넘는데, 매출액은 1/3 수준이다. 지극히 단편적인 비교지만, 앞으로 어느 분야가 더 각광을 받고, 유능한 인재들이 어느 분야를 더 지원하게 될지 너무도 분명하게 보이는 수치다. 또 이렇게 비교하지 않아도 분명 부가가치가 가장 낮은 음식업을 기반으로 하고 있는 '배달의민족'이 4조 7,000억 원이라는 엄청난 금액으로 해외에 M&A된 것이나 숙박 업소 예약 애플리케이션인 '여기어때'가 4,000억 원에 글로벌 사모 펀드에 팔린 것 등으로 미루어 보아도 알 수 있다. ICT 기술 기업들의 주도권이 앞으로도 강해질 것임을 증명하는 지표라는 것을 말이다. 산업으로서의 IT 분야의 주도권도 지속되겠지만, 고객들에게 소구하는 가치로서의 IT 기술도 기존 산업보다 우위에 있음을 알 수 있고, 플랫폼 기업의 기존 산업에 대한 장악은 갈수록 커질 것으로 보인다. 국내 오프라인 마트와 거래하는 업체를 모두 합한 수보다 G마켓에서 활동하는 판매자가 더 많다는 사실은 이런 IT 플랫폼의 힘을 잘 보여준다.

: **주력 직군의 변화**: 서비스 기획자, 개발자, 디자이너, 콘텐츠 편집자

IT 분야에는 제조업이나 기타 서비스업에서는 보기 어려운 부류의 인력이 대거 포진해 있는데 서비스 기획자, 개발자, 디자이너, 콘텐츠 편집자 등이다. 제조업에도 디자이너들이 있지만, 제품 개발 분야나 마케팅팀 정도를 제외하면 거의 없다고 할 수 있다. 이들은 주로 패키지 디자인이나 로고 디자인을 하는데, 매우 소수이거나 또는 내부에 디자이너를 두지 않고 필요할 때마다 외부 프리랜서나 디자인 회사에 연락해서 업무를 맡기기도 한다. 패션 산업 정도를 제외하면 디자이너 인력을 두는 전통 산업은 거의 없었다. 그런데 IT 서비스 업체나 콘텐츠 기업 등은 모든 제품과 서비스를 컴퓨터 화면이나 애플리케이션 화면에 구현하기 때문에 디자이너를 많이 고용하고 있다. 디자인 부서가 수십 명씩 되는 경우도 흔하다. 또한, 애플리케이션이나 소프트웨어, 웹사이트 등의 서비스 내용을 기획하는 인력들도 다른 산업에서는 별로 필요하지 않다. 그렇지만 IT 업종에서는 기획하는 인력이 많이 필요하다. 웹사이트나 애플리케이션을 만드는 인력, 빅데이터나 AI 소프트웨어를 설계하고 운영하는 인력 등을 통칭하는 개발자라는 직종 역시 전통 산업에서는 보기 어려웠다. 물론 개발자의 경우엔 일반 기업체의 IT 시스템 부서에 존재하기는 했지만, 이들은 대부분 한 가지 프로그램 개발에 특화된 인력이 아니라 기업용 패키지 소프트웨어를 가져와 기업에 맞게 변형하고, 이후에는 만들어진 시스템을 관리하는 운영자에 가까웠다. 유튜브 등의 SNS 채널을 운영하거나 관련 동영상을 편집하는 업무를 수행하는 콘텐츠 편집자도 전통 산업에서는 마케팅 부서에 한 명 정도가 있을까 말까 하고, 아니면 그냥 광고 에이전시에서나 가끔 볼 수 있는 수준이었다. 이렇듯 전통 산업에서는 잘 보이지 않거나 보조적인 수준에 머무르던 직군들이 IT 서비스, 특히 최근에 가장 각광받는 분야라고 할 수 있는 각종 플랫폼이나 빅데이터·AI, 게임, 유튜브 같은 콘텐츠 분야 등에서 주력으로 떠오르고 있다. 이들은 자기만의 업무 영역이 분명하며, 혼자서 자기만의 일에 집중하는 시간이 반드시 필요하다. 주변 동료가 쉽사리 대체해주거나 약간의 OJT(직장 내 교육 훈련)를 한 뒤 곧바로 따라서 할 수 있는 일들이 절대 아니다.

21세기 이후 새롭게 등장한 직업군 또는 계속 확대되고 있는 직업군의 특징 중 하나는 전문성을 발휘하기 위해 대규모 자본 투자가 요구되지 않는다는 점이다. 과거 제조와 유통 등의 전통 산업 중심일 때도 설계나 기계 조작, 용접 등 수많은 기술자들이 필요했지만, 이들이 기술을 발휘할 수 있는 공간은 어디까지나 대규모의 설비가 갖춰진 곳이었다. 또한 기업체에서 사업을 진행하며 공장을 짓든, 조선소를 만들든, 건물을 세우든 대규모의 자본 투자가 선행되어 고정 자본이 생겨야 이들 전문 인력이 전문성을 발휘할 수 있었다. 이건 유통사도 마찬가지다. 오프라인에 대규모 점포가 생기고, 물류망이 구축되고, 시스템이 만들어져야 제품 전문가인 MD나 매장 디스플레이를 책임지는 VMD, 매장 인력 운영·관리를 책임지는 플로어 매니저 등이 자신의 전문성과 역량을 발휘할 수 있었다. 방송사의 설비가 있어야만 방송을 할 수 있던 시절의 PD나 카메라맨도 마찬가지였다.

하지만 모든 것이 인터넷 위주로 변하면서 대규모의 자본 투자가 선행되지 않아도 얼마든지 전문성을 발휘할 수 있는 세상이 왔다. 단적으로 개발자와 디자이너, 기획자 세 명이 성능 좋은 노트북 몇 대만 있으면 수억에서 수십억 원도 벌 수 있게 된 것이다. 전문성을 발휘하는 데 고정 자본이 투입되지 않아도 된다는 것은 회사가 이들 전문가들을 옭아맬 수 있는 방법이 줄어든다는 말이기도 하다. 예를 들어 선박 용접을 기막히게 하는 용접공은 기술이 아무리 뛰어나도 조선소라는 물리적 공간을 벗어날 수 없지만, 개발자는 수천 명이 있는 회사에서도 개발 일을 할 수 있고, 자기 혼자 1인 회사를 차려 일을 할 수도 있다. 또 솜씨 좋은 용접공이 이 회사에서 저 회사로 옮겨 다닐 수는 있겠지만, 옮긴다고 해도 조직에 속해 있게 된다. 하지만 개발자나 디자이너, 기획자, 편집자 등은 조직에 속하는 것이 선택이 될 수 있다. 회사원이지만 마치 프리랜서 같은 형태인 것이다.

경영진 입장에서 볼 때 일의 특성도 자기만의 시간이 필요하고, 조직에 대한 소속감도 프리랜서 같은 마인드라면 이들을 한 시간, 두 시간씩 걸려 사무실에 매일 출근을 시키거나 상사의 불필요한 방해에 노출시킬 필요가 없다. 회의 등에는 참석해야 하고, 급한 조율이 많이 필요한 시점, 가령 서비스의 출시 전후 같은 경우라면 무조건 사무실에 있어야겠지만, 그 외의 일상적인 상황이라면 모두 불필요한 일이다. 그런 까닭에 이들 직군의 비중이 많은 스타트업 산업에서는 재택근무가 일상적이고 흔한 풍경이 되었다.

이들 직군이 주력으로 있는 IT 또는 ICT 산업은 인력 고용 측면에서는 소수지만 이들이 만들어내는 부가가치의 규모와 발전 속도는 엄청나다. 젊고 유능한 인력이라면 당연히 이 산업으로 끌릴 것이다. 기존의 산업 영역에 있는 회사들이 온라인화로의 변화를 시도하기 위해서, 기술 분야의 유능한 인력을 붙잡으려면 뭔가 파격적인 것들을 제공하려는 시도라도 해야 한다. 산업 전체의 성장률도 낮고, 분위기도 보수적인데 젊은 인력을 끌어당길 특징도 부족하다면 채용 시장에서 후순위로 밀려나는 것은 피할 수 없는 일이며, 갈수록 낮아지는 성장 가능성의 악순환에서도 벗어날 수 없을 것이다.

변화하고 있는 직원들의 요구를 무시할 수 없다

코로나19로 촉발된 재택근무 경험과 관련된 통계*를 살펴보자. 재택근무 유경험자의 67%가 만족했거나 또는 매우 만족했다는 통계다. 이런 결과는 출퇴근의 부담과 시간 낭비가 줄어들고, 대중교통 등에서 코로나에 노출될지 모르는 공포를 줄여준다는 점에서 당연한 것이다. 여기서 인상적인 점은 설문 참여자의 71%가 코로나 이후에도 계속 재택근무를 할 수 있다면 그럴 것이라고 답했다는 것이다.

이들이 재택근무의 부정적인 면으로 답한 것들은 '돌발 상황에 대처하기가 어렵다', '회의를 진행하기가 불편하다', '조직원들과의 커뮤니케이션이 어렵다', '업무에 대한 부담이 늘어났다' 등이다. 또한 출퇴근 등을 제외한 만족스러운 점은 '혼자 있는 것 자체로 업무 능률이 올랐다', '회의나 전화 등이 줄어 업무 집중도가 올라갔다' 등이다. 여러 부정적인 점이 있음에도 불구하고, 코로나19 종식 이후에도 재택근무를 희망하는 사람의 수가 71%나 되고, 이들이 재택근무를 희망하는 이유가 출퇴근의 부담 축소 이외에도 혼자 일할 수 있어 효율이 올랐다는 것 때문이다.

다른 조사를 들여다보면[**] 이런 높은 만족도 및 재택근무 희망 비율은 주로 20~30대의 직원들에게서 나왔고, 50대 이상이나 경영진의 경우엔 만족하지 못한다는 비율이 더 높게 나왔다. 한 가지 재미있는 것은 재택근무를 싫어하는 사람들이 50대 경영진 이외에 과·차장급, 즉 중간관리자급도 있다는 점이다. 재택근무에 호의적인 사람들은 젊은 사원, 대리급 직원들과 부장 및 임원들이며, 부정적인 직급은 과·차장급과 경영진이다. 아무래도 인력 개개인에 대한 관리 책임이 많은 직급과 회사 전체의 생산성이 떨어지지 않을지 노심초사하는 직급에서 재택근무를 싫어할 가능성이 더 높게 나타났다. 자기 영역의 일을 하면서 윗사람 눈치나 감시에 시달리지 않고 싶어 하는 젊은 직원들과 어차피 익숙한 조직이고 업무여서 집이든 사무실이든 업무의 큰 방향만 잡아주면 된다고 생각하는 부장, 팀장급은 상대적으로 재택근무 만족도가 높게 나타나는 것으로 보인다.

조사 결과를 요약해보면 다음과 같다.

◆ 재택근무는 직원들, 특히 젊은 직원들의 만족도와 업무 몰입도를 높이는 데 도움이 된다.

◆ 출퇴근에 따른 시간 및 에너지 낭비가 줄어든다는 점과 관리자의 밀착 감시를 당하지 않는 상황에서 생겨나는 자기 주도적 업무 처리가 재택근무 만족도의 핵심이다.

◆ 직원들의 행태를 가까이서 모니터링하고 싶어 하는 관리자나 회사 전체의 생산성을 걱정하는 경영진에게는 부정적인 느낌을 줄 수 있다.

◆ 직급에 상관없이 공통적으로 제기되는 재택근무의 부정적인 면은 커뮤니케이션의 제약과 돌발 상황에 대한 대응의 어려움 그리고 전체 의견이나 아이디어를 모으기 어렵다는 점 등이다.

이렇게 되면 다음과 같은 질문을 떠올리게 된다.

"만약 경영진이 눈에 보이지 않는 직원들 때문에 불안해하지 않고, 사소한 일들이 제대로 진행되지 않는다고 중간관리자들을 불러 다그치지 않는다면 어떻게 될까?"

이 질문을 하는 이유는 경영자나 중간관리자가 재택근무자들을 하나의 프리랜서나 외부 용역으로 생각하여(인사적으로는 당연히 직원인데, 이들의 업무를 평가하는 마인드에서만) 업무 결과와 협업적 태도에 대해서만 판단하겠다는 시각을 가지고 있다면, 과연 재택근무에 부정적일 것인지에 대해 자문해보자는 의미로 던지는 질문이다.

물론 재택근무는 우리보다 30년 이상이나 앞서 도입했던 미국이나 유럽에서도 논쟁이 많은 근무 시스템이다. 무엇보다 재택근무 시스템의 약점을 악용하는 직원들이 골치 아픈 문제인 것은 분명하다. 1980년대 말부터 재택근무를 시작해 전 세계 재택근무의 효시로 꼽히는 기업 중 하나인 IBM 같은 경우 직원들의 재택근무 악용 문제와 커뮤니케이션상의 비효율성 때문에 수십 년간 다양한 형태로 유지해왔던 재택근무를 포기하고, 2018년 완전 사무실 근무로 복귀했다. IBM만큼 전반적인 시스템과 인프라, 각종 인사 관련 시스템이 재택근무에 맞춰진 회사도 재택근무는 넘기 힘든 벽이었던 것이다.

하지만 재택근무는 장점도 많다. 무엇보다 직원들의 만족도가 높고, 관리자들이 직원들을 밀착 감시하는 데 시간을 낭비하지 않아도 되며, 관리자의 원래 업무인 좀 더 크고 장기적인 조직 발전과 경쟁력을 고민하는 시간을 가질 수 있다는 점에서 그렇다. 재택근무의 실시 여부는 회사마다 제각각 이유가 있을 것이고, 그 선택은 경영진이 생각했을 때 최선일 것이다. 그러나 직원들에게 동기를 부여하고, 관리자들이 조직 리더 본연의 업무에 좀 더 집중할 수 있게 하는 방법이 있다면 충분히 고려해볼 만한 선택이 바로 재택근무다.

* 〈코로나19 사태로 인한 재택근무 현황〉, 잡코리아, 2020.5.3.
** 〈재택근무에 대한 직장인 인식〉, 매경이코노미, 2020.3.19.

재택근무는 기업이
살아남기 위한 방법이다

기업은 이제 온라인에서 경쟁력을 갖추는 수준이 아니라 무조
건 온라인에서 승부를 내야만 할 정도로 절박한 상황에 처해 있
다. 이를 위해서라도 온라인에서의 경쟁력을 갖출 수 있는 인재
를 채용해야 한다. 기존에 온라인화, 디지털화를 제대로 고민한
적이 없는 기업의 경영진이라면 매우 어려운 숙제일 수 있다.
스펙이나 경력 등이 그럴싸한 인력을 찾을 수 있겠지만, 실제로
오랜 시간의 집중과 집요함을 가지고 조직의 변화를 선도해줄
인력은 눈에 불을 켜고 찾아도 보기 어렵다. 하지만 어떻게든
이런 인력을 고용해서 팀에 계속 충원시키는 노력이 필요하다

처음에는 잘못 뽑을 수도 있고, 기존 인력과 갈등도 생길 수 있다. 또 무엇보다 경영진 스스로 기업의 변화에 대해 계속 의문을 품은 채 '꼭 이렇게까지 변하려고 노력해야 하나?'라고 생각할 수도 있다. 그러나 코로나19가 가르쳐준 아주 명확한 교훈은 변하지 않으면 도태된다는 것이다. 지금은 니먼 마커스, 제이시페니, 제이크루, 골드 짐 같은 미국의 오프라인 업체들만 도산하는 것처럼 보이지만, 우리나라에서도 향후 2~3년간 펼쳐질 오프라인 업체들의 쇠퇴는 우리의 상상을 뛰어넘을 수 있다.

💬 유능한 인력 발굴과 유지 방안

이제 기업은 온라인에서의 경쟁력을 갖춘 인력이 회사에 남아서 몰입하고 열정을 불태울 수 있는 방안을 마련해야 한다. 충분히 준비되지 못한 기업은 온라인화, 디지털화를 이끌어줄 인력이 오지도 않겠지만, 설령 온다 해도 이내 적응하지 못하고 떠날 것이 분명하다. 네이버나 카카오 같은 IT 업계 최고 기업들조차 유능한 인력을 충분히 찾지 못해서 아예 신입으로 뽑아

몇 년간 교육시키겠다는 계획을 발표할 정도로 인력난과 관리 문제가 심각하다. 결국 이런 인력들을 확보하고 유지하기 위해선 기존과는 다른 접근이 필요하다. 보상을 크게 해주거나 아니면 매력적인 기업 문화를 만들어야 하는데, 돈으로 인력을 구하는 데에는 한계가 있다. 좋은 인력이 더 많은 돈을 요구하는 것은 맞지만, 돈을 더 많이 줬다고 해서 그가 더 좋은 인력인 것은 아닐뿐더러, 괜히 일 잘하고 있는 기존 인력들과 갈등만 키울 여지가 많다. 아무리 온라인화, 디지털화를 추구한다 해도 기존 비즈니스가 일정 시간은 버텨줘야 하는데, 인력 간 보상을 둘러싼 갈등만 커진다면 죽도 밥도 아닌 것이 된다.

💬 인재 확보를 위한 비금전적 솔루션, 재택근무

이 복잡한 상황을 정리해줄 비금전적 솔루션 중 하나가 바로 재택근무다. 우리 회사가 인력을 원격으로 관리하고, 성과를 만들어낼 준비가 된 상태라면 재택근무는 보다 낮은 비용으로도 좀 더 경험 많고 능력 있는 인력을 찾을 수 있는 하나의 방편이 된다. 유능한 인력일수록 자기 유능감과 자기 주도성, 독자적인 업무 처리 등을 원하는데, 재택근무는 사무실에서 근무할 때보다 직원을 더 믿고 직원에게 더 많은 물리적·시간적·심리적 공간을 주는 시스템이다. 또한 회사 내에 존재하는 기존 인력과 신규로 유입된 인력 간의 불필요한 알력이나 갈등도 최소화시킬 수 있다. 그리고 만에 하나 신규 인력이 기대와 달리 좋은 결과물을 만들어내지 못하거나, 새롭게 시도한 프로젝트가 제대로 진행되지 않는다 해도 재택근무가 도입된 상태라면 실패한 결과물을 기존 비즈니스와 분리시키는 데 유리하다. 예전에 다른 직원들이 민감해할 수 있는 컨설팅 프로젝트나 TF를 같은 사무실이 아닌 다른 장소의 공간에서 처리하도록 만들었던 것과 같은 유사한 효과를 재택근무가 가져다줄 수 있다.

또한 재택근무는 기본적으로 직원들의 만족도나 회사에 대한 외부의 평가 등을 높여주는 효과가 있다. 기업의 조직 문화를 바꾸려는 엄청난 '혁신 프로젝트'가 아니어도 기업 문화를 훨씬 부드럽고 직원 친화적으로 바꿀 수 있다. 물론 전제로 언급한 것처럼, 기업의 경영진과 중간관리자 그리고 시스템들이 재택근무를 제대로 활용할 수 있어야 한다는 점이 중요하기 때문에 평소

같으면 기업체들 입장에서 쉽게 엄두를 낼 수 없는 변화다. 하지만 코로나19는 상당수 기업에 강제로 재택근무를 경험하게 했고, 그 변화에 따른 준비도 급격히 진행할 수 있도록 만들었다.

직급별 재택근무 만족도

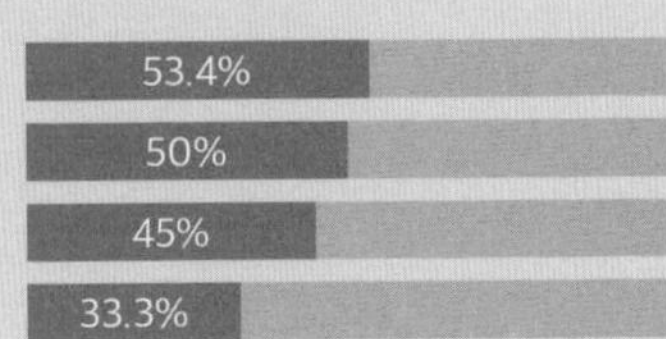

재택근무 시 업무 효율성이 올라가는 이유

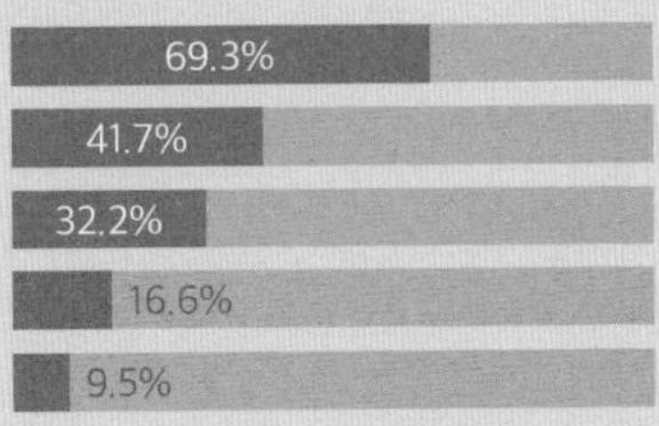

재택근무 시 업무 효율성이 떨어지는 이유

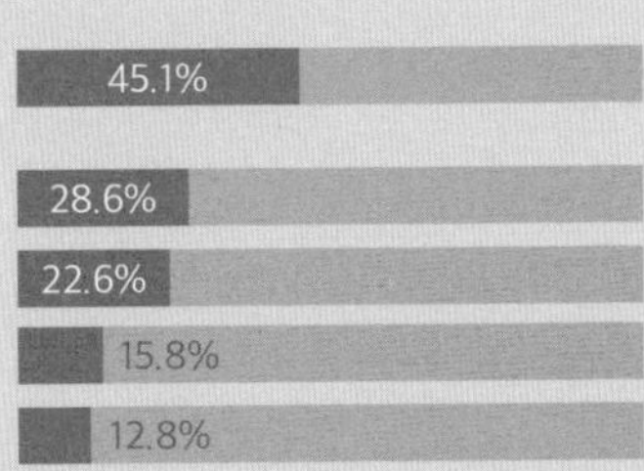

출처: '재택근무' 직장인 설문조사 | 유경험자 만족도 높지만 70%는 무경험…
가사 부담 과장급이 임원보다 더 불만, 매일경제, 2020.3.16

SK텔레콤

◆ 개요

SK텔레콤은 국내 대기업 최초로 전사 원격근무를 도입했다. '일하는 방식'에 관해 2년여 전부터 제도와 인프라 측면에서 계속해왔던 실험이 이러한 결정의 원동력이 된 것으로 보인다. 구성원의 반응 또한 호의적이며 이후 거점 오피스 설립 확대 등을 통해 원격근무를 더욱 고도화할 계획이다.

◆ 원격근무 도입 현황: 전사 조직 혁신 목적

- 국내 대기업 최초 전사 재택근무 도입(네트워크 관리 등 필수 인력은 제외)
- 이전부터 일하는 방식의 변화에 대해 내부적 실험과 준비를 해온 상황
- 2018년 자율 선택근무 도입(2주간 총 80시간 이내 구성원 자율적 근무 계획 수립)
- 2019년 디지털 워크 플레이스를 목표로 인프라 구축(MS와 협업, 클라우드/모바일 업무 솔루션 도입)
- 콜센터에도 업계 최초로 재택근무 도입

◆ 향후 방침

- 재택근무에 대한 구성원 설문 진행 결과, 97%가 긍정적인 답변(더 효율적이다 66%, 불편하지만 참을 만하다 31%)
- 재택근무를 정식 제도로 도입할 예정
- 재택근무가 어려운 직군과 외근자를 위해 기존에 운영되던 수도권 내 '거점 오피스'를 확대할 예정
- 거점 오피스는 2018년부터 전담 팀을 꾸려 준비하던 사항이며, 현재 서대문, 종로, 판교, 분당 운영 중
- 2020년 내 거점 오피스 6개소 추가

국내 기업들은 재택근무를 어떻게 하고 있을까?

경영 전문가들은 이제 재택근무는 피할 수 없는 대세이며,
기업은 재택근무에 대한 인식을 바꾸고 방안을 마련해야 한다고 말하고
있다. 그간 재택근무가 확산되지 못한 이유로
'기업 생산성이 저하될 수 있다는 인식을 꼽고 있고,
경영진은 재택근무 시 직원의 성실성을 가장 우려한다'고 분석하고 있다.
그렇지만 재택근무 장기화가 예고되고 있는 만큼 기업의 인식 변화는
불가결한 상황이다. 아직까지 재택근무에 대한 시선이 좋지 않은
우리나라 기업들은 재택근무를 어떻게 펼치고 있는지
이 장에서는 국내 기업의 재택근무 현실을 들여다보기로 한다.

국내 대기업들의 실험

💬 잡 마켓의 순위 변동과 인재 이동의 충격

코로나 이전, 국내 대기업에서 재택근무를 전면적으로 도입한 사례는 전무하다고 할 수 있다. 다만 삼성, 현대자동차, LG 등에서는 유연근무제라고 하여 출퇴근 시간을 '9 to 6'가 아닌 본인의 스케줄에 맞춰 조절할 수 있는 시스템을 채택했다. 유연근무제 선택 시 기업들이 발표했던 목표를 보면, 출퇴근 피크 타임을 피함으로써 직원들의 스트레스를 줄일 수 있고, 맞벌이 가정이나 육아 부담이 있는 인력의 워라밸을 도와준다는 데 있다. 또한 오후 네 시간가량은 이동이나 회의 등을 최소화하고 자기 일에만 집중하는 집중근무제 등을 통해 직원들의 생산성을 유지할 수 있다는 것이었다. 즉 유연근무제는 직원들의 만족도를 높이고, 스트레스를 줄이려는 목적이 강했던 것이지 조직 문화의 혁신과 생산성의 폭발적 성장 등은 부차적 목표였던 셈이다.

대기업이 이런 선택을 하게 된 이유를 조사한 결과는 없지만 짐작해보면, 우선 회사 내 여성 인재가 늘어나고, 워라밸이 중요한 가치가 되면서 직원들에게 가정과 일을 병행할 수 있게 해야 한다는 현실적인 숙제 때문으로 보인다. 삼성, 현대자동차, LG 같은 기업들은 이미 초거대 글로벌 기업으로 더 이상 예전의 남성 위주, 군대식의 제조업체 마인드로는 운영될 수 없는 회사가 되었다. 더불어 해외 인재들이 늘어나면서 이들의 동기부여를 고려한 시스템 역시 필요했을 것이다. 아무래도 이들 기업들이 글로벌 인재들을 확보하기 위해 경쟁하는 대상들은 북미와 유럽에서도 앞서가는 기업들이니 단순히 급여를 더 준다는 것만으로는 쉽게 스카우트할 수 없을 테니 말이다.

또 다른 이유로는 국내 최고 기업들이라서 설마 그럴까 싶겠지만, 국내 잡 마켓에서의 위상 문제가 있다. 삼성전자는 2004년부터 국내에서 취업하고 싶은 회사로 부동의 1위였다. 2016년 CJ에 1위 자리를 빼앗기기는 했지만, 삼성전자는 여전히 2위였고, 그 뒤로 대형 공기업과 KT, SK텔레콤, 현대자동차, LG전자 등이 10위까지 포진해 있었다. 즉 국내 잡 마켓에서는 전통적인 대기업들이 최상위였던 것이다. CJ가 tvN 등의 방송을 운영하는 ENM의 영향력 때문에 젊은 층 사이에서 큰 인기를 끌긴 했지만, ENM을 제외하면 CJ 역시 전통적인 대기업이다. 그런데 2020년, 불과 4년이 지난 시점에서 조사된 결과는 매우 충격적이다. 1위는 카카오, 2위가 네이버로 전통적인 대기업이 1위와 2위 자리를 내주었다. 물론 그 뒤로는 삼성, SK 등 대기업이지만 국내 GDP의 1/5을 차지하고, 최고의 수출 기업이며, 세계 최고 기업인 애플만큼의 순이익을 올리는 삼성이나 국내 최대의 텔레콤 회사와 하이닉스를 보유한 SK그룹이 이들에 비하면 보잘것없는 매출액과 순익 규모를 가진 카카오와 네이버에 밀려버린 것이다. 코로나 여파 때문이겠지만, 카카오는 현대자동차보다 시가 총액이 높아졌고, 게임업체인 엔씨소프트는 국내 텔레콤 시장 부동의 1위인 SK텔레콤보다 시가 총액이 높아졌다. 이는 매출액이니 고객 수, 이익의 규모 등에서는 여전히 현대자동차나 SK텔레콤이 더 큰 회사들이지만, 미래의 성장성을 더 높게 평가하는 주식시장에서는 카카오와 엔씨소프트가 더 좋은 회사가 되었음을 의미한다. 시가 총액의 순위 변화는 코로나 여파 때문이라 치더라도 이런 변화의 흐름은 대기업 인사팀이나 기획팀들에게는 이미 몇 년 전부터 감지되었을 것이다. 즉 국내 산업의 힘이 전통적인 제조, 인프라 대기업에서 IT 분야 업종으로 넘어가고 있다는 사실을 말이다. 이러한 변화들은 잡마켓에서 유사한 업체들끼리 경쟁하던 대기업들에게는 큰 충격이었을 것이다. 당연히 최고의 인재들은 삼성전자나 현대자동차, SK텔레콤을 가는 것으로 믿었던 시대가 갑자기 끝나고, 어느덧 최고의 인재는 IT 회사를 가고, 전통적인 대기업은 후순위가 되어간다는 사실은 충격이 아닐 수 없었을 것이다. 특히 앞으로 산업에서 가장 큰 영향력을 발휘할 빅데이터, AI, IoT, 모빌리티 등의 4차 산업혁명 분야의 관련 기술 인력들의 입장에서는 안정적이지만 답답하고 보수적인 대기업보다는 유연하고 수평적이며 직원 개개인의 위험 감수를 도전으로 봐주는 IT 기업들이 더 좋은 직장일 수 있다. 대기업들이 자발적으로 더 큰 혁신을 가져오기 위해 유연근무제를 도입한 것이 아니라 이런 잡 마켓의 변화, 더 크게는 주력 산업군의 변화라는 거대한 패러다임에 대응하기 위한 전략이었다는 의미다.

아직까지는 코로나의 여진이 진행되고 있고, 곳곳에서 집단 감염 사례와 변종 바이러스까지 나타나고 있다. 이제 백신이 나오고는 있지만 대량으로 보급될 때까지는 이런 불안한 분위기는 상당 기간 지속될 수밖에 없다. 대기업들도 섣불리 새로운 변화를 밀어붙이기에는 불투명한 상황이다. 하지만 이와 같은 상황에서도 선제적으로 밀고 나가는 기업들이 있기 마련이다. 오히려 모두가 위기라고 말할 때 새로운 변화를 이끌어 기업의 위상을 높이고 경쟁력을 강화해서 위기가 끝나갈 때 먼저 앞서나갈 수 있도록 말이다.

대기업들의 재택근무 실험

재택근무와 관련해서 가장 눈에 띄는 대기업은 SK그룹이다. 아직 실험 단계지만 몇몇 계열사에서 한 달에 일주일만 출근하고 나머지 3주는 오피스 프리(office free) 근무를 한다. 즉 3주간은 재택근무를 하든 사무실에 출근을 하든 개인의 선택에 맡긴다. 최태원 회장이 언급한 내용들을 보면 단순히 코로나 시대에 대한 대응 차원이 아니라 시장과 잡 마켓의 전반적인 변화를 읽고 이에 적극적으로 임하는 전략으로 실험을 해보고 있는 셈이다. 롯데그룹에서도 롯데지주가 일주일에 하루는 재택근무를 하는 시스템을 도입했다. 롯데 역시 이 방법이 고정된 시스템이라기보다는 실험 단계라며 새로운 세상에 대한 대응 방안을 산업별, 회사별로 찾는 노력이 필요하다고 언급하고 있다. 이들을 포함해서 상위에 있는 대기업들은 시스템적으로도 재택근무를 하는 데 아무런 문제가 없다. 온라인과 영상으로 협업이나 회의를 진행하는 시스템도 잘 갖춰져 있고, 중간관리자들이 업무를 구조적으로 나누고 종합하는 능력도 뛰어나며, 직원들 역시 높은 역량을 가지고 있다. 이들 대기업의 실험이 성공적인 것으로 판단되고, 코로나의 여파가 쉽게 사라지지 않는다면, 아마 대기업 중에서 재택근무를 어떤 식으로든 표준적인 근무 형태로 인정하는 분위기가 커질 것으로 보인다. 무엇보다 이 기업들이 2~3월의 강제적 재택근무 동안 생산성 문제가 그리 크지 않다는 것을 확인하고 확대 실험을 하는 것일 테니 말이다.

스타트업 기업이 찾은
재택근무의 보완점

💬 스타트업, 근무 환경에 변화를 창출하다

코로나19 이전에 재택근무나 유연근무제와 관련해서 뉴스를 만들어낸 기업들은 거의 대부분이 스타트업, 그것도 주로 IT 분야의 스타트업들이었다. 창업한 지는 10년이 넘었지만 매출의 성장보다 안정적인 수익을 갖춘 상태에서 임직원의 삶을 더 챙기는 걸로 유명한 '제니퍼소프트'라든가 주 35시간 근무제를 도입한 것으로 알려진 '여기어때' 같은 기업들의 사례가 잘 알려져 있다. 이들처럼 유명한 사례가 아니라도 판교나 테헤란로에

둥지를 튼 많은 스타트업 기업이 거의 대부분 어떤 식으로든 재택근무나 유연근무제 등의 시스템을 가지고 있다. 물론 이들의 근무 체계에 유연성이 있다는 것이 일을 적게 한다는 뜻은 아니다. 특히 초기 스타트업 기업들을 두고 "재택근무라 쓰고 주 7일, 24시간 근무라고 읽는다"는 우스갯소리도 많이 한다. 다만 이들이 재택근무를 선도적으로 받아들였던 이유는 근본적으로 인재를 확보하기 위한 고육책에 가까웠다. 일반에 잘 알려져 있지 않고 불안정한 매출 구조를 가진 스타트업에서 인재를 확보하기 위해서는 뭔가 파격적인 조건을 제시해야 한다. 하지만 연봉이나 인센티브, 스톡옵션 같은 재무적 보상으로는 한계가 있어 최대한 건강한 기업 문화와 복지 제도를 통해 인재를 붙잡으려는 노력들이 이어져왔다.

💬 직원들에게 '성장'을 경험하게 한다

조직 변화 전문가인 닐 도쉬와 린지 맥그리거가 펴낸 《무엇이 성과를 이끄는가》(생각지도, 2016)를 보면 직원들에게 줄 수 있는 최고의 동기 부여 방법은 자신들이 하는 일에 '즐거움과 의미'를 부여하는 것이며, 그 과정을 통해 '성장'을 경험하게 하는 것이라고 한다. 자기 일에 대해 이런 감정을 가지려면 일을 자기가 선택하고, 자기가 주도하고, 자기가 결정하는 것 같은 느낌을 주어야 한다. 즉 자기 주도적으로 일할 수 있게 해야 한다는 것이다. 스타트업들이 직원들에게 재택근무나 유연근무제를 채택하는 것은 부족한 현금 보상을 보완하려는 대체재의 의미도 있지만, 직원 개개인이 자발적이고 주도적으로 일하지 않으면 경쟁할 수 없는 스타트업 고유의 특성 때문이기도 하다. 이에 따라 기존 대기업이나 중견 기업에서는 상상하지도 못했던 시스템을 갖고 있는 기업들이 생겨나고 있다. 극단적인 사례지만 '코니바이에린'이라는 유아용품 스타트업의 경우 창업 3년 만에 매출이 140억 원을 넘었는데, 이 회사는 창업 초기부터 사무실이 아예 없었다. 물론 직원이 20여 명 정도여서 가능했다고 볼 수도 있지만, 사무실이 없기 때문에 보다 좋은 인재들을 모아서 폭발적인 성장을 했다고 볼 수도 있다. 이 회사는 생산관리 직원조차 재택근무를 한다고 알려져 있다.

스타트업의 경우, 코로나 이전부터 재택근무가 활성화된 곳이 많았기 때문에 코로나 이후라고 해서 재택근무와 관련해 화제가 되는 경우는 별로 없다. 인력도 대부분 개발이나 디자인, 서비스 기획자들인 까닭에 다양한 온라인 협업 툴에도 익숙하고, 원격지에서 근무하는 것을 전혀 어색해하지도 않는다. 오히려 코로나 이전이나 이후에도 재택근무나 유연근무제를 도입하지 않았던 대형 IT 기업의 경우, 직원들 사이에서 코로나19 집단 감염이 생기는 바람에 강제로 재택근무를 시작했고, 이 때문에 블라인드(직장인 커뮤니티) 등에서 IT 회사인데도 너무 보수적이라는 비판을 받기도 했다.

하지만 스타트업이나 IT 회사라 해도 업무가 적은 것이 아니고, 인력 개개인의 책임이 적은 것도 아니다. 주 35시간 근무를 하는 회사도 있지만, 반대로 매일매일 야근하는 회사가 더 많은 것이 스타트업 영역이다. 국내 유명한 게임 회사들이 모두 52시간제 도입 이전에 '구로의 등대' 또는 '판교의 등대'라고 비난받았던 것도 스타트업 또는 IT 업종의 치열함을 증명하는 사례들이다. 입사하는 직원들도 이를 잘 알고 있기 때문에 재택근무도 어색해하지 않고, 자기 주도적으로 일하는 것이 잘 어울리는 직군들이 대부분인데도 오히려 사무실에 출근하는 게 낫다고 말하는 사람들도 있다. 실제로 2020년 2~3월 코로나19 피크 시절에도 판교 등에는 회사에 출근하여 일하는 이들이 있었다. 이는 집에서 일과 일상이 구분이 안 된다는 재택근무의 근본적인 문제 때문이기도 하고, 앞서 언급했던 집단적 창의성이 필요한데 재택근무로는 어렵기 때문이기도 하다. 한 유명한 인터넷 기업도 5월 초 코로나19가 조금 잠잠해지자 자녀 양육이나 임신 등의 이유가 아니면 사무실 근무를 기본으로 한다고 해서 비판을 받았다.

스타트업이라고 무조건 재택근무를 하는 것도 아니고, IT 분야이거나 시스템이 잘 갖춰져 있다고 해서 재택근무의 생산성이 무조건 높은 것도 아니다. 결국 재택근무의 형태는 기업별로 자사의 문화와 경영진의 비전 그리고 직원들의 지향점 등을 종합적으로 고려하여 도입해야 한다.

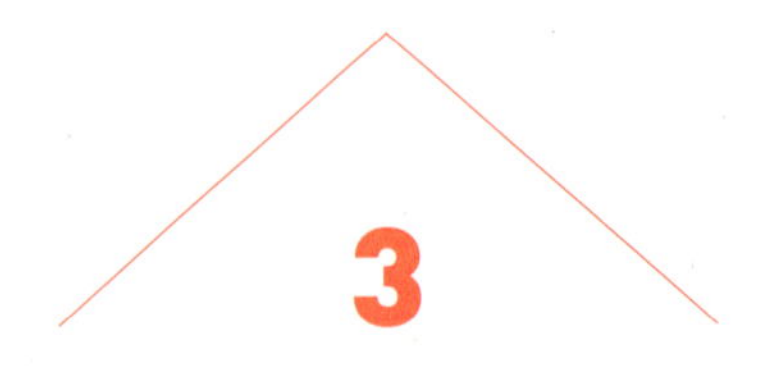

3

회사 규모에 따른 재택근무

앞서 많은 기업의 사례를 살펴보았다. 이미 눈치챘겠지만, 회사 규모별로 재택근무 방식은 조금씩 다르다. 재택근무를 해야 하는 이유와 목적은 모두 비슷해도, 동일한 방식으로는 운영이 불가능하기 때문이다.

대기업의 재택근무

재택근무에 적극적인 대기업의 경우부터 살펴보자. SK텔레콤은 국내 대기업 최초로 전사 원격근무를 도입했다. '일하는 방식'에 관해 2년여 전부터 제도와 인프라 측면에서 실험을 거듭했던 것이 이러한 결정을 내리는 데 원동력이 된 듯싶다. 구성원의 반응 또한 호의적이어서, 이후 거점 오피스 설립 확대 등을 통해 원격근무를 더욱 고도화하고 있다. 2018년에는 자율 선택 근무를 도입했고(2주간 총 80시간 이내 구성원 자율적 근무 계획 수립), 2019년에는 디지털 워크 플레이스를 목표로 인프라를 구축했다(MS와 협업, 클라우드/모바일 업무 솔루션 도입). 재택근무가 어려운 직군과 외근자를 위해 기존에 운영되던 수도권 내 '거점 오피스'를 현재 서대문, 종로, 판교, 분당에 운영 중이며, 올해 안에 6개소를 추가할 예정이라고 한다. 회사 규모와 상관없이 재택근무의 걸림돌 중 하나가 업무 보안 문제인데, 대기업은 사내 인프라 구축을 통해 이를 해결하고 있다. 즉 재택근무에 필요한 온라인 시스템을 임직원과 일부 협력사들만 이용할 수 있는 내부 폐쇄형 시스템으로 만들고, 재택근무를 하는 장소까지도 거점 오피스를 직접 만들어 운영하는 방법을 선호하고 있다. 재택근무의 업무 체계뿐 아니라 자체 내 온오프라인 인프라 구축이 차별화되어 있다.

💬 중소기업의 재택근무

반면 중소기업이나 스타트업은 대기업처럼 시스템을 구축하기 어렵다. 인프라를 구축하는 데 엄청난 돈이 들어가기 때문이다. 또한 임직원이 수백에서 수천, 수만 명이라면 자체적인 인프라를 구축해도 비용 투입 대비 효율성이 나오겠지만, 몇백 명도 안 되는 일반 중소기업과 스타트업은 그럴 만한 돈이 있다 해도 효율성이 나오지 않으므로 차라리 사업 성장을 위한 다른 곳에 투자하는 것이 현명하다.

그러므로 재택근무를 위한 인프라 구축보다는 업무 체계를 더욱 정교화하고 임직원이 자기 주도적이고 책임 있는 행동 양식을 갖추는 데 집중하는 것이 좋다.

앞서 언급한 제니퍼소프트, 코니바이에린만 봐도 그렇다. 재택근무 툴은 줌이나 스카이프, 슬랙, 잔디 그리고 각종 메신저 등 외부 툴을 사용하지만, 임직원 모두가 불편하지 않게 협업할 수 있도록 재택근무 방법을 구체화하고 지속적으로 활용함으로써 업무 체계에 익숙해지도록 만든다. 오히려 그렇게 일했을 때 회사의 강점이 되고, 여느 회사와 달리 색다른 임직원

복지처럼 느껴지게끔 할 정도다. 동시에 자신이 맡은 일에 대한 책임과 권한을 확실하게 부여함으로써 자기 주도적으로 일하지 않으면 오히려 일을 제대로 할 수 없게 될 수 있어, 이 자체가 암묵적인 조직 관리 역할까지 하게 한다.

💬 1~5인 기업의 재택근무

요즘 1인 기업이 유행인데, 1인 기업 포함 5인 이하의 회사들도 중소기업이나 스타트업과 거의 동일하다. 다만 차이가 있다면 업무에 대한 책임과 권한이 더욱 극대화되어 있다는 점이다. 한 사람이 동시에 여러 가지 일을 폭넓게 해야 하기 때문이다.

중소기업이나 스타트업과 마찬가지로 외부 재택근무 툴을 많이 사용하지만, 내부 업무용으로는 많아야 세 개 이하, 보통 두 개 정도의 외부 툴만 집중적으로 사용한다. 목적별로 여러 개의 외부 툴을 사용하다 보면 오히려 업무 효율성이 떨어진다. 메신저로 곧바로 이야기하고 의사 결정을 하고 업무 배분이 가능한 상황에서 굳이 협업 툴까지 사용할 이유가 없다. 그러면 어떻게 내용을 남기고 기록할지에 대한 다른 방안을 찾게 되는데, 협업 툴보다는 엑셀이나 워드 등을 사용해서 공유하는 경우가 많다. 그렇지만 외부의 큰 업체들과 협업할 때는 외부 업체의 방침에 따르는 경우가 많아서 다양한 협업 툴을 사용할 줄 알아야 한다.

이베이코리아 ebay

◆ 개요

G마켓과 옥션을 운영하는 이베이코리아 또한 코로나19 확산 방지를 위해 2020년 2월 재택근무를 도입했다. 동일한 유통업계임에도 불구하고, 기존 대기업들이 IT 계열사 위주로 재택근무를 도입한 반면에 이베이코리아, 쿠팡 등은 전 직원 재택근무를 도입한 것이 특징이다. 이베이코리아의 재택근무 형태는 기존 IT 기업과 크게 다르지 않다.

◆ 원격근무 도입 현황

코로나19가 확산되던 2월, 직원들에게 재택근무를 권고했다. 다만 재택근무 여부는 자율적 선택에 맡겼다. 이후 직원 50%씩 순환 재택근무로 전환했으나 여름 재확산에 따라 전 직원 재택근무를 시행했다. 사내 뉴스레터에 따르면 이베이코리아의 재택근무 형태는 기존 IT 기업과 유사하며, 세부적인 팀별로는 진행 방식이 조금씩 다르다고 한다.

브랜드 사업팀, Dev Platform팀
- 화상 회의에는 주로 줌을 이용
- 업무 공유 및 의사 결정에 필요한 사항들을 정리할 때는 위키 이용

Finding Experience팀
- 슬랙을 통한 논의를 먼저 거친 후, 결론이 나지 않는 경우에만 화상 회의를 이용
- 재택근무가 장기화됨에 따라 '랜선 회식'을 진행, 고립감을 해소하려는 시도도 하고 있음
- 자사 브랜드인 G마켓 앱 배달코너에서 음식을 시킬 수 있도록 지원(오후 4~6시까지 두 시간 동안 진행 후 퇴근)

롯데그룹

◆ 개요

롯데그룹 또한 다른 기업들과 마찬가지로 코로나19 확산 방지를 위해 불가피하게 재택근무를 시행했으며, 그마저도 쿠팡, 이베이코리아 등 온라인 유통 기업에 비해 제한적으로 적용하거나 대응에 늦은 감이 있다. 하지만 이후 롯데그룹은 롯데지주를 중심으로 주 1회 재택근무를 정식으로 채택했는데, 이는 주요 대기업 중 최초이며, 단순히 바이러스 확산 방지나 기업 문화 변화 측면을 넘어 회장의 의중이 강하게 반영된 포스트코로나 시대를 대비한 디지털 트랜스포메이션(Digital Transformation) 전략의 일환으로 보인다.

◆ 원격근무 도입 현황

코로나 감염 예방을 위한 미봉책에서 정식 제도화를 통한 변화 기회 마련이 목적이다. 코로나 확산 방지를 위해 2020년 2월 롯데지주, 롯데쇼핑은 필수 인력을 제외한 전 직원 재택근무를, 롯데면세점과 롯데케미칼의 경우에는 본사 사무직을 대상으로 재택근무를 실시했다.

- 롯데지주는 팀별로 3개조로 나누어 1개조는 재택근무, 나머지는 출근 형태로 돌아가면서 재택근무 실시
- 롯데케미칼은 생산직은 4조 3교대 체제 유지

롯데지주

2020년 5월부터 전체 임직원 대상으로 '주 1회 재택근무'를 정식으로 도입했는데, 이는 신동빈 회장의 의중이 강하게 반영된 결과

- 임원 회의에서 신동빈 회장이 지시한 사항. 한국과 일본을 오가는 근무 형태와 코로나19 자가격리 과정에서 화상 회의, 재택근무의 효율성을 경험한 것으로 보임

- 일시적 재택근무가 아닌 정식 도입은 주요 대기업 중 롯데가 최초임
- 그룹 지주사로서의 상징성과 임직원이 150명으로 소수라는 점, 그리고 대부분 사무직/지원 부서로 내근을 한다는 점을 감안한 선택
- 150명 안팎의 지주 직원을 대상으로 실시한 후, 주요 계열사로 확대할 예정
- 재택근무는 본인이 원하는 요일을 선택하는 방식이며, 시행 첫날 참여율은 10%로 집계
- 시행 전 사내 인프라 개발을 완료했으며, 재택근무자는 회사에서 사용하는 노트북을 집으로 가져가서 사용
- 구성원 본인이 원하는 요일을 선택할 수 있으며, 외근이나 출장이 잦은 부서는 유관 부서와 협의해 조정
- 참여율은 10% 내외인데, 이는 재택근무 시행 첫날이 월요일이었다는 점이 영향을 미친 것으로 보임
- 주 1회에서 전 임직원을 3개조로 나누어 일주일 단위로 3교대 재택근무 시행

그 외 계열사

- 계열사 중에서는 롯데쇼핑이 6월에 주 1회 재택근무를 도입했으며, 롯데케미칼의 경우 시범 운영을 거친 뒤 도입할 예정(다만, 코로나19 재확산으로 인해 지주와 계열사의 재택근무를 다시 확대)
- 롯데쇼핑은 주 1회를 주 2회로 확대했으며, 하이마트 또한 주 1회를 주 3회로 늘렸음

◆ 향후 방침

- 이후 계열사로 재택근무를 확대할 예정
- 재택근무 도입은 기업 문화 변화와 함께, 포스트코로나를 대비한 DT 전략의 일환

경영진의

슬기로운

재택근무 활용법

경영진들이 재택근무를 꺼리는 이유는 직원들이 일하는 것을
보지 못한다는 데 있다. 그동안 직원들을 밀착 관리하고 있었는데, 관리
대상이 눈에 보이지 않으니 불안한 것은 당연한 일이다.
물론 보이지 않으니 관리가 안 된다고 할 수 있지만,
재택근무를 해본 적이 없어서 어떻게 일을 해야 하는지 잘 모르기 때문에
오는 부담도 크다. 재택근무를 하면 직원 관리와 평가 등의
모든 인프라를 새로 만들어야 하는 데 따른 부담이다.
이 장에서는 경영진들이 어떻게 하면 재택근무에 대한 두려움을
떨쳐버릴 수 있는지, 더는 미룰 수 없는 재택근무를
어떻게 도입해야 하는지에 대해 알아본다.

재택근무에 걸림돌이 되는
경영 마인드부터 바꿔라!

경영진에게 재택근무의 가장 큰 의미는 '눈으로 보지 않고도 직원을 믿어야 한다'는 것이다. 우리나라 기업의 특징은 관리자가 직원들을 밀착 관리한다는 것이다. 직원 개개인의 출퇴근 시간을 5분 단위로 체크하고, 사무실에서 보이지 않으면 시킬 일도 없으면서 "어디 갔냐?"고 물어 주위를 불안하게 한다. 그리고 일과가 마무리되는 시간에 업무 일지를 기록하게 하고 아침에는 하루치 업무 계획을 제출하게 한다. 물론 이대로만 진행되면 명쾌하고 깔끔하지만, 실제 직원은 그 업무 계획대로 일하지 않고, 퇴근 시간의 업무 일지 역시 그날 했던 핵심 업무는 빠지기 일쑤나. 또한 업무 계획과 상관없이 상사가 필요하다고 생각하면 야근하는 게 우리나라의 일반적인 기업 문화다.

이런 행태만이 재택근무를 시행하는 데 걸림돌이 되는 것은 아니다. 리더 그룹에는 또 다른 문제가 있다. 많은 중간관리자나 임원들이 직원에게 두루뭉술하게 일을 시킨다는 것이다. 구체적인 제안 대신 지난 일이 마음에 들지 않으니 참신한 아이디어를 내라고 직원들을 다그친다. 또 경쟁사와 비교하거나 결과가 나쁜 것을 직원들 탓으로 돌린다. 참신한 아이디어를 내야 하는 건 알겠다. 하지만 뭘 어떻게 시작해서 어느 정도의 비용과 기간으로 일을 진행하고, 그 효과 등을 어떻게 판단할 것인지에 대한 근본적인 가이드라인이 없다. 만약 이런 식의 이야기만 하는 상사가 있는 조직에서 재택근무를 한다고 생각해보자. 과연 의미 있는 결과물이 나올 수 있을까? 재택근무를 도입하려 한다면 경영진은 어떤 경영 마인드를 가지고 중간관리자와 직원들을 관리해야 하는지 살펴보자.

💬 경영진의 인내심은 필수 항목

재택근무를 효과적으로 활용하려면 상사들이 직원들에게 업무를 시키는 능력이 지금보다 대폭 개선되어야 한다. 특히 상사들에게는 목적에 맞춰 일을 적절히 나눠주고, 진도를 파악하고, 직원이 어려움에 부딪힐 때는 필요한 해답을 신속히 제공하여 부서 전체의 일이 원활하게 돌아가도록 하는 관리 능력이 필수적이다. 그런데 지금까지 기업에서 상사로 진급시킨 이들은 대부분 저돌적이고 미친 듯이 열심히 일해서 실적을 잘 만드는 사람들이었다. 이렇게 저돌적으로 일하는 사람들에게도 시간을 넉넉히 주고, 천천히 훈련시키면 재택근무에 필요한 업무 구조화 능력이나 프로젝트 관리 능력 등을 익힐 수 있다. 그리고 이에 맞춰 업무 패턴을 변화시키겠지만, 이 과정에서는 경영진의 인내심이 문제 될 수 있다. 이들이 저돌적으로 일할 수밖에 없었던 이유는 인내심 없이 성과를 다그치는 경영진의 요구 때문이었다. 재택근무처럼 성과가 잘 나타나지 않는 근무 형태에서는 인내심이 무엇보다 중요하고, 경영진의 이런 마인드는 재택근무에서 두드러지는 성과를 얻을 수 있을 것이다.

경영진은 조직이 집요하게 제품과 서비스에 몰두하고 이를 열정적으로 팔아서 매출과 수익을 만들어내기를 원한다. 또 가끔은 일상의 업무에서 빠져나와 시장 전체의 큰 그림을 보고, 새로운 경쟁 방안이나 제품·서비스의 혁신 방안을 만들기를 원한다. 즉 몰두하되 열린 사고를 하고, 집요하되 유연함을 가진 조직을 원한다. 그러나 막상 실적에 쫓기게 되면 유연성이니 큰 그림이니 혁신이니 하는 것들은 어디론가 사라진다. 그저 빨리 숫자를 만들어내기만을 요구하게 된다. 그러고는 우리가 '올해도 잘했어'라며 작은 실적에 만족한다. 하지만 그사이 누군가는 진짜 큰 변화를 이끌어내고, 혁신을 만들어 시장 전체를 뒤집어버린다. 10여 년간 시장에서 1등이던 노키아가 아이폰의 공격 한 방에 무너졌고, 한때 백화점보다도 컸던 대형 마트들의 취급액이 이젠 온라인 업체들의 협공에 비교할 수 없을 정도로 초라해졌다. 외식업에는 50만 개가 넘는 식당과 수천 개의 프랜차이즈 업체가 있지만, 배달의민족은 10년도 되지 않은 사이 거의 모든 음식점의 생사여탈권을 쥐는 상황을 만들어냈다. 이처럼 기존의 경쟁 문법만 가지고는 살아남기 어려운 세상이 되었다.

지금의 경영진은 기존의 경쟁 문법에 익숙한 사람들이다. 왜냐하면 그들이 그 자리에 오른 이유가 기존 문법에 따라 아주 잘해냈기 때문이다. 하지만 경쟁의 양상이 계속 바뀐다면 조직에도 변화가 일어나야 한다. 그렇다고 지금 있는 관리자를 모두 집으로 보낸다는 것은 말도 안 된다. 그렇게 되면 조직을 혁신하기 전에 매출이 없어 무너져버릴 것이다. 이런 상황에서 경영진이 마련해야 하는 또 다른 해법이 바로 외부 인력의 수혈과 조직 문화의 변화를 위한 도전이다. 조직이 변하지 않으면 삽시간에 죽거나 물살에 휩쓸리는 세상이다 보니, 조직의 유연성을 높이고 새로운 성장 기회를 찾기 위해서는 새로운 인력이 필요하다. 새로운 인력을 들이기 위해서는 재택근무 등 기존에는 생각하지 않았던 새로운 문화가 정착되어야 한다. 그리고 이런 시도를 성공적으로 이끌기 위해서는 새로 뽑는 인력의 업무를 구조화하고, 체계적으로 사고하면서 직원들을 밀착 감시하기보다는 리더답게 전체 그림을 보는 데, 더 열정을 쏟는 경영진의 마인드를 가져야 한다.

2

재택근무로 얻게 될
조직 혁신과 사업 성장을 생각하라!

재택근무 자체가 목적이 아니라, 급변하는 세상에 대응하기 위해서는 조직 자체의 혁신이 필요하다. 이를 위해 재택근무는 수많은 단점에도 불구하고 훌륭한 도구가 될 수 있다. 재택근무를 했던 직장인들의 높은 만족도가 하나의 이유이고, 경영진이 자기 주도적으로 일하는 직원을 찾아낼 수 있으며, 이를 통해 조직의 활력과 직원 만족도 제고 그리고 보다 나은 성과를 만들 수 있다는 점이 또 다른 이유다.

다만 이런 장밋빛 결과를 만들어내려면 조직의 인력 채용부터 리더급 인력의 발굴까지 조직의 인사와 목표 관리 시스템 전반의 변화가 이루어져야 한다. 그리고 이 각각의 구성 요소를 바꾸기 위해서는 경영진의 세심한 관심과 관리가 요구된다.

지금부터 조직의 운영 시스템을 중심으로 어떤 변화를 해야 하는지를 살펴보겠다.

💬 재택근무를 위한 인력 채용과 배치에 대한 고민

기존 직원들만 데리고 조직 문화를 바로 혁신해낼 수 있다면 좋겠지만, 대부분 조직 내 필요한 역량이 부족한 경우가 많다. 또 인적 구성의 변화 없이 조직을 혁신하기에는 필요한 자극이 너무 부족하고, 직원들은 경영진이 정말 진지하게 변화를 원하는지 의구심을 갖기 쉽다. 그러므로 조직 혁신을 추구할 때는 반드시 인력 채용 문제부터 고민해야 한다.

재택근무의 기반이 되는 조직 문화는 직원과 중간관리자 그리고 경영진의 상호 신뢰다. 상호 신뢰는 결국 서로가 서로에 대해 "좋은 태도를 갖고, 좋은 실적을 만들어내기 위해 최선의 노력을 다할 것이라고 생각" 하는 믿음이다. 신뢰감 있는 조직이 되기 위해서는 권력을 가지고 있는 경영진이 먼저 중간관리자와 직원들에게 믿음을 보여줘야 한다. 믿음을 주는 가장 확실한 방법은 각 조직별로 일정한 자율권을 인정해주는 것이다. 그중에서도 특히 중요한 것이 적절한 인력을 채용할 수 있는 권한을 주는 것이다.

: 공채 신입 대신 맞춤 경력직을 채용한다

코로나19 이전에도 트렌드에 민감한 대기업 조직은 신입사원 공채를 최소화하고 경력직이나 경력이 있는 신입을 뽑으려는 움직임이 뚜렷했다. 현대자동차 같은 경우 아예 그룹 차원의 신입 공채를 없앴으며, LG 역시 공채를 없애고 부서 단위의 인력 채용을 진행하고 있다. 신입을 뽑아 훈련시켜서 실무에 투입하기에는 시간과 비용이 너무 많이 들기도 하지만, 사실 공채는 그룹 인사팀에서 이루어지기 때문이다. 즉 인력이 필요한 현업 부서의 세부 사정 파악이 충분치 않은 상태에서 채용이 진행된다. 반면 부서별 경력직 채용은 주로 개별 부서의 부족한 역량이나 경험을 보완하기 위해 실시하는 경우가 대부분이다. 경력직 직원을 선발하면 기업의 문화적 통일성은 낮아지지만 대신 현업 부서의 즉각적 요구를 충족시킬 수 있고, 무엇보다 선발된 직원들의 전문성이 발휘되어 자기 주도적 업무 처리가 가능해진다.

경력직과 신입의 가장 큰 차이로 꼽히는 부분이 바로 이 '자기 주도적 업무 처리'다. 자기 주도적 업무 처리는 일을 잘하려는 의지도 중요하지만, 이를 수행해내는 경험과 역량이 필수적이다. 경력직은 바로 이 부분을 보고 채용하는 것이다. 이렇게 채용된 인력이 조직과 목표에 적응하는 시간을 보내고 나면 그가 역량을 발휘할 수 있는 공간을 만들어줘야 한다. 그 공간은 바로 상사의 밀착 감시 없이 혼자서 일을 해나갈 수 있는 상황과 시간이다. 재택근무는 이런 메시지를 전달하기에 최적의 시스템이다. 분명 제대로 채용되었다면 경력자들은 자기를 증명하기 위한 의욕에 가득 차 있을 것이고, 기존의 인력과는 다른 접근을 시도할 것이다. 이들을 적절히 자극하고 아이디어를 구체적 결과물로 연결시킬 시간과 여유만 제공해준다면 분명 도움이 될 수 있다. 이런 인력들을 재택근무 등을 활용해 꾸준히 유인할 수 있다면, 기존 인력들에게 경쟁을 통한 적절한 자극도 될 수 있다. 좀 더 과감하게 활용한다면, 조직을 슬림화할 수 있는 기회기 된다. 사무실에서 더 이상 직원들을 감시할 필요가 없어진 중간관리자들은 자신의 부서를 실적 잘 만드는 부서로 발전시킬 수 있을 것이다.

채용 대상을 확대한다

채용과 관련된 재택근무의 또 다른 활용 가능성은 채용 대상의 확대다. 가령 지방에 있는 회사의 경우, 기술 인력이라든지 기타 전문성을 가진 인력을 채용하는 데 굉장히 어려움을 느낀다. 그 때문에 주력 사업장이 지방인데도 본사는 서울이나 경기도에 위치한 경우가 허다하다. 이런 사업장에 자기 주도성을 가진 인력이 독자적으로 수행할 수 있는 업무가 있다면, 재택근무를 활용하는 것도 한 방법이다. 굳이 지방에 내려와서 일할 필요도 없고, 어쩔 수 없이 수도권에 본사 사무실을 낼 필요도 없이 인력을 채용하면 된다. 그러나 소속감도 없고 부서 내의 여러 이슈들을 조율하는 데 어려움이 생길 수 있기 때문에 현실적이지 않다고 생각할 수도 있다. 그런데 한번 생각해보자. 지금도 회사 업무를 위해 수많은 외부 업체를 관리하고 프리랜서에게 일을 맡기고 있다. 이들 중에 태만하거나 결과물을 제대로 가져오지 못하는 사람이 있다면 그와는 계약을 종료하고 더 나은 사람을 찾으면 된다. 직원을 프리랜서처럼 대우하라는 말은 아니지만, 직원이 사무실에 있지 않아서 관리를 못한다는 말은 핑계라는 얘기다. 그보다는 중간관리자나 경영자가 사무실에 앉아 있는 직원들의 모습을 보면서 느끼는 자기 권력에 대한 뿌듯함 같은 불필요한 자만심이 더 크지 않을까 싶다.

아예 기술 인력을 해외에서 채용하는 경우도 생각해볼 수 있다. 실제로 많은 기술 스타트업에서 부족한 개발자를 구하기 위해 인도나 베트남, 중국 등의 인력을 고용하고 있다. 당연히 모든 업무는 원격으로 처리한다. 이 경우 인건비를 전달하는 방법이 복잡할 수 있고, 시간 낭비라고 생각할 수 있다. 만약 적합한 인력을 고용하지 못해 애를 먹고 있다면 재택근무를 떠올리는 순간 기존과는 전혀 다른 접근이 가능하다. 물론 이와 같은 접근은 코로나19로 인해 세계의 문이 닫혀 있고, 외국 인력을 관리하는 데 부담이 더 크다는 현실적인 어려움도 있을 것이다. 하지만 조직이 인력을 채용하고 관리하는 방식에 재택근무를 추가하는 순간 다양한 선택지가 펼쳐진다는 점에서 매우 매력적인 사고가 된다.

매출액이 1조 원이 안 되는 세 곳의 중견 기업을 대상으로 조직원들의 업무 효율성과 직무 만족도 등을 조사한 적이 있다. 조사 결과를 보면 직원들이 조직의 목표를 위해 직접적으로 연결된 업무를 수행하는 비율은 하루 업무 시간 중 대략 30~40% 수준이었다. 그럼 나머지 근무 시간엔 놀았다는 것일까? 그런 뜻은 전혀 아니다. 이들 중견 기업의 직원들은 성실했고, 일주일에 적어도 2~3일은 야근을 할 정도로 열심히 일하는 집단이었다. 하지만 근무 시간 중 절반 이상은 조직 목표가 아닌 다른 목적을 위해 일하고 있었다. 실제 야근이나 주말 근무 등을 포함하면 조직의 공식적 목표를 위해 일하는 것보다 더 많은 시간을 다른 목표를 위해 일하는 셈이었다. 그 다른 목표라는 것이 바로 관리자의 개인적 불안과 관리 스타일에 맞추기 위한 각종 페이퍼 워크와 중복적 업무 처리 그리고 회의 참석이었다.

구체적인 예를 들어보면, 관리자가 실적이 안 나오자 갑자기 대안을 내놓으라며 직원들을 모아놓고 일장 연설과 함께 몇 시간씩 회의를 하거나, 관리자가 직원 한 명 한 명을 자기 옆에 불러 큰 소리로 망신 주고 혼내면서 시간을 뺏는다. 또 직원들의 업무 자세를 믿지 못해 아침저녁으로 업무 일지를 꼼꼼히 작성하게 하고, 보고서를 작성할 때 자꾸 프로그램을 바꾸라고 지시한다. 그리고는 처음에 하는 일 대신 다른 일을 시켰다가 이내 다시 처음에 하던 일을 하게 하는 등의 일 처리가 직원들의 업무 중 큰 부분을 차지하고 있었다. 이런 문화는 우리나라 기업의 낮은 생산성을 이야기할 때 빠지지 않고 언급되는 문제이며, 광범위한 조직에서 일상적으로 볼 수 있는 문제들이다. 핵심은 관리자 본인의 불안이나 업무 특성 때문에 직원들이 생산성 또는 성과와 아무 상관 없는 일을 자기 본업보다도 많이 한다는 것이다. 직장인이 받는 월급에 상사와 놀아주는 비용도 포함되었다고 말하지만, 경영진 입장에서 생각해보면, 극단적으로는 현재의 인력에서 절반을 줄여도 성과는 비슷하게 나올 것이라는 말과 같은 뜻이기도 하다.

: 중간관리자의 다양한 역량이 필요하다

중간관리자들이 이런 어처구니없는 손실들을 줄이고 더 효율적으로 일하는 것을 기대하려면 일에 대해 구조적으로 접근하게 해야 한다. 즉 일의 목표를 명확히 하고, 이 목표가 왜 중요한지 그 맥락과 배경을 직원들과 충분히 커뮤니케이션하고, 다양한 대안을 생각해야 한다. 그다음에는 각각의 목적에 맞춰 우선순위를 결정하고 세부 업무들을 직원들에게 나눠준다. 일정 시간이 지나면 중간관리자는 직원들의 업무 성과를 다시 취합하여 새로운 인사이트를 뽑아내거나 사업상의 실적으로 만들어낸다. 이러한 과정을 '구조적 접근'이라고 말하는데, 이를 능수능란하게 처리하기 위해서는 중간관리자에게 다양한 역량이 갖춰져야 한다. 상황을 분석하고 체계를 잡는 것, 목표와 맥락을 파악하여 이를 기반으로 주위를 설득해 업무를 분배하고 직원들이 담당 업무를 빠르게 처리할 수 있도록 관리하는 능력도 필요하다. 그리고 무엇보다 이렇게 만들어진 개별적 결과물들을 하나로 합쳐 새로운 인사이트와 실적으로 연결하는 능력도 있어야 한다.

다수의 중견·중소 기업에서 중간관리자들은 '구조적 접근' 방식의 일 처리 능력이 아닌, 그냥 실적이 좋았거나 위에서 시키는 일을 열심히 한 성실함을 인정받아 승진한 경우가 대부분이었다. 이런 관리자들에게 일을 '체계적으로, 효율적으로' 하도록 요구한다는 것은 상당히 무리가 있다. 그렇게 일을 배우지도, 해보지도 않았기 때문이다. 따라서 회사는 중간관리자에게 적절한 훈련 기회를 제공하고 회사 내에서 체계적 일 처리에 대한 롤모델을 해줄 인력이 필요하다. 그리고 경영진도 이렇게 일하는 법에 대한 이해를 충분히 쌓아야 한다.

: 중간관리자의 적절한 조율과 커뮤니케이션이 필요하다

구조적으로 일을 하기 시작하면 각 인력들에게 어느 정도의 일을 나눠주고, 얼마의 주기로 커뮤니케이션을 할 것이며, 각 직원의 결과물을 어떤 기준으로 평가할 것인지에 대한 판단이 명확해진다. 왜냐하면 직원들에게 일을 나눠주기 전에 이미 각 업무들의 우선순위를 정했고, 그 일이 가지는 의미와 시급성, 중요도, 전체 결과에 대한 임팩트 등을 논의했기 때문이다. 그리고 이 각각의 기준들, 즉 나눠준 일의 양과 일의 수행 난이도, 결과물의 중요성, 데드라인, 중간 커뮤니케이션 주기 등은 직원들이 수행한 업무의 평가 기준이 된다.

이렇게 일을 배분하고 다시 모으는 과정이 원활하도록 하려면 관리자의 체계적 일 관리 외에 일의 시작과 끝 그리고 중간 점검을 위한 전체 커뮤니케이션 시간이 반드시 필요하다. 특히 업무가 매우 복잡하거나, 목표가 계속 변경되거나, 급변하는 상황 때문에 임시 대응이 추가되는 업무라면 이 빈도가 올라갈 수 있다. 이때는 아무리 재택근무 상황이라 해도 코로나19처럼 어쩔 수 없는 상황이 아닌 이상 오프라인에서 주기적으로 모이는 것이 더 효율적일 수도 있다. 실제 재택근무를 실시하는 회사들 중 상당수는 완전한 재택근무 대신 일주일에 1~2일은 출근해서 팀 회의를 하고 나머지 기간은 재택근무를 하는 식의 하이브리드로 운영하는 것이 더 일반적이다. 업무의 적절한 분배나 특정 개인에게 나눠주기 어려운 업무 등을 처리해야 할 때 이런 식의 조율 과정은 부서 전체의 업무 효율성을 높여준다.

직원 업무 평가는 개인 단위로 몰지 않는다

이렇게 일할 때 경영진 입장에서 주의해야 할 점은 업무 평가를 개인 단위의 핵심성과지표(KPI, Key Performance Index)로 몰아가면 안 된다는 것이다. 코로나19나 재택근무 붐이 일어나기 이전부터 마이크로소프트나 구글 같은 글로벌 최고 기업들은 기존의 'KPI에 의존한 개인별 실적 평가 방식'에 대한 의문을 계속 제기해왔다. 무엇보다 회사라는 조직에서 개개인이 실적에 대해 전적으로 책임이 있거나 아니면 그 실적에 따라 다른 조직원들과 차별화된 보상을 받는 것이 적절한가, 그리고 실적을 많이 쌓은 사람을 승진시키는 것이 맞는가에 대한 의문이 있었기 때문이다. 구글이 목표·핵심결과지표(OKR, Objective & Key Results) 같은 시스템을 고안한 것이나 마이크로소프트가 개인별 KPI를 폐지하고 중간관리자의 피드백에 기반하는 코칭 형태의 평가 시스템을 따라간 것은 결국 개인에게 책임을 지우기보다 팀 전체가 책임을 지겠다는 의미로 해석된다. 그러므로 각 구성원은 그에 대한 기여와 역량의 발전에 대해 상사와 동료로부터 피드백을 듣는 방식으로 운영하는 것이 팀과 조직 전체의 성과에 더 도움 된다는 결론에 이르게 된다.

이런 시각은 재택근무의 운영, 특히 성과 평가와 직원의 동기 부여 측면에서 매우 중요하다. 재택근무는 직원들이 고립된 상태로 일하기 때문에 자기 일에 집중하는 장점은 있지만, 외로움을 느끼거나 주변과 단절되어 있다는 느낌을 받기 쉽다. 더불어 일의 성과를 보여주는 방법이 보고서나 실적 같은 공식적인 것들밖에 없기 때문에 업무적 스트레스가 사무실 출근 때보다 오히려 더 크게 다가온다. 이런 심리 상태에 놓인 직원들에게 실적에 대한 개인 책임을 경영진 차원에서 KPI 등으로 공식화시키면 부담은 더 가중되고, 팀 전체의 성과 창출이 아닌 개인의 안위에만 집중하는 상황이 벌어진다. 사무실에서는 그래도 서로 얼굴 보면서 인간적인 교류가 오가다 보니 팀으로 사고하는 부분이 있지만, 고립무원 상태의 재택근무에서는 자기에 대한 생각이 절대적 우위를 차지하게 된다. 보험이나 자동차 영업사원처럼 철저히 개인 단위 실적을 요구하는 직무라면 모르겠지만, 통상적인 회사의 사무직 직원들에게 개인 단위 평가를 요구하는 것은 무리이고, 부작용이 더 많다. 오히려 팀 단위 실적에 대한 책임감을 요구하면 서로 떨어져 있어도 팀 단위로 고민하게 되고, 중간관리자가 업무를 업무를 나눠주는 과정에도 팀원들이 팀 전체의 진도에 대해 관심을 가질 수 있다.

재택근무를 위한 업무 지시는 구조화된 틀에 따라 중간관리자가 직원들에게 명시적으로 업무를 나눠주고 이 기준을 성과 달성의 지표로 사용하는 게 좋다. 다만 이것은 팀이나 개별 조직 단위의 관리를 위해 통용되는 방법이어야 한다. 경영진이 KPI 등으로 개개인에게 압박을 주는 방식은 오히려 부작용을 만들기 쉽다. 중간관리자나 경영진이 직원들에게 피드백을 줄 때는 실적에 관련된 것보다는 그 사람의 역량 발전과 팀 전체를 위한 사고를 좀 더 잘할 수 있도록 도와주는 쪽으로 가는 것이 효과적이다.

💬 재택근무에서 사라진 집단 창의성에 대한 고민

조직원들 간의 커뮤니케이션에서 나오는 집단 창의성

애플의 스티브 잡스는 재택근무에 꽤 부정적인 시각을 가지고 있던 것으로 알려져 있다. 그가 조직에서의 창의성에 대해 다음과 같은 말을 했기 때문이다.

"창의성은 즉흥적 회의와 무작위로 이루어지는 토론에서 비롯된다. 당신이 누군가에게 다가가 어떤 업무를 하고 있는지 묻고, '와우'라는 반응을 보이는 순간 이미 새로운 아이디어들이 머릿속에 떠다니고 있을 것이다."

이 말이 의미하는 바는, 문제 상황에 대한 창의적 해답은 어떤 의도나 목적을 가지고 생각해내는 것이 아니라, 그 문제에 깊이 몰입해 있는 동료들이 자유롭고 편안하게 이야기를 주고

받는 중에 갑자기 머릿속에서 '아, 이렇게 하면 되겠다!'라는 아이디어가 떠오른다는 것이다. 뛰어난 두뇌를 가진 천재 혼자서 머릿속으로 답을 생각해내는 것이 아니라, 조직원들이 모두 모여서 다양한 이야기를 주고받다가 해답의 단초를 떠올리고 이를 발전시켜 나가는 것을 '집단 창의성'이라고 한다. 실제로 회사 생활을 오래 해본 사람이라면 모두 이런 순간을 경험해봤을 것이다. 구성원 누구도 문제 상황에 대한 아이디어를 가지고 있지 않았고, 그냥 자연스럽게 이야기를 나누다가 어느 순간 갑자기 답이 떠오르면서 '유레카'를 외쳤던 경험 같은 것을 말이다.

● 재택근무로 집단 창의성이 사라질까?

재택근무에서 가장 문제 되는 것은 사실 커뮤니케이션 이슈가 아닌 집단 창의성의 부재라고 생각한다. 예상외로 온라인상의 커뮤니케이션은 처음에는 어렵게 느껴지지만, 시간이 조금 흐르면 상당히 개선된다. 코로나19 이후 진행되었던 재택근무에 대한 여러 설문조사를 보면 재택근무의 최대 난점으로 커뮤니케이션이 꼽히는 경우는 의외로 많지 않았다. 처음에는 당황하고 어색했을지 몰라도 좀 지나니 적응했다는 뜻이다. 물론 현재 활용하는 IT 시스템이나 커뮤니케이션 도구들의 불편함에 대한 지적들은 많지만, 이 역시 시간이 경과하면 해결될 수 있는 문제다.

하지만 집단 창의성 문제는 마치 기회비용 같은 것이어서, 기발하고 창의적인 해법이 나올 수도 있었는데 나오지 못했다는 건 도저히 예상할 수도, 나중에 되돌아보면서 떠올릴 수도 없는 일이다. 경영진 수준에서 각 조직이 문제를 해결해나가는 과정을 지켜보며 '왜 매년 반복해온 방식으로만 일을 치리할까?' 또는 '왜 경쟁사만큼의 기발하고 공격적인 해법이 우리에게는 나오지 않을까?' 같은 생각을 떠올리면서나 가능한 생각이라는 뜻이다.

스티브 잡스의 말처럼 집단 창의성은 함께 모여 있고, 매일 만나야 한다는 조건이 있기는 하지만, 이를 뒤집어 생각하면 안 된다. 즉 함께 모여 있고, 매일 만날 때 집단 창의성이 그냥 나온다고 생각하면 안 된다는 것이다. 만약 자신의 회사가 코로나19 이전에 재택근무를 한 번도 하지 않았지만, 기발한 해법이나 창의적 아이디어를 가지고 시장 판도를 바꿔본 적이 없다면 그냥 경영진과 팀의 역량이 부족한 것이라고 보면 된다. 모여 있지 않아서 아이디어가 나오지 않는 것은 아니라는 뜻이며, 조직에 집단 창의성이 나타나지 않는 문제가 재택근무를 주저할 이유는 전혀 아니라는 것이다. 그리고 집단 창의성에는 모여서 일하는 것 이외에 조직원들이 일 그 자체에 몰입해 있고, 해결하기 위해 진지하게 고민하고, 그 고민들을 자유롭고 수평적으로 커뮤니케이션한다는 전제가 더해진다.

회사에서 늘 똑같은 식의 해법만 반복된다고 생각하는 경영진이라면 바로 이 지점에서 고민해야 한다. 우리 회사에서는 왜 직원들 간에 자유로운 의견 교환이 일어나지 않는지, 그전에 왜 직원들이 일 자체에 몰입하지 못하는지에 대한 답을 찾는 게 선행되어야 한다. 그런 면에서 재택근무는 이 고민을 해소하는 데 일조할 수 있다. 아무리 상사가 권위적이라 해도 온라인 화면이나 메신저로 하루 종일 직원들에게 화를 내기는 힘들기 때문이다. 자기 생각이 정리될 수 있는 혼자만의 공간과 시간을 가진 직원들이 자신의 의견을 내는 것이 더 쉽다. 재택근무로 좀 더 활발하고 수평적인 커뮤니케이션이 가능할 수 있는 환경이 조성되는 것이다.

직원이 업무에 몰입하지 못하는 문제는 재택근무와 상관없이 경영진에게는 영원히 풀리지 않는 숙제 같은 것이다. '애플 같은 회사에서나 집단 창의성이 필요하지, 하루 벌어 하루 사는 것 같은 작은 회사에서는 이런 고민 자체가 사치'라고 여기는 경영진도 있을 것이다. 하지만 작은 회사들끼리 경쟁을 하더라도 누군가는 살아남아 성장하고, 누군가는 사업을 접는다. 조직의 창의적 해법 마련은 조직이 아무리 작아도 필수적인 것이고, 조직원들이 일에 몰입해서 새로운 방안을 떠올릴 수 있는 것은 어떤 규모의 회사에서건 반드시 필요한 일이다.

💬 재택근무를 위한 리더 그룹 선발과 훈련

재택근무를 통해 기업을 혁신시키기 위한 변화 방향 중 대부분의 국내 기업들이 가장 어려워하는 숙제가 하나 더 있다. 바로 혁신 문화에 어울리는 리더 그룹의 선발과 훈련이다. 이제는 꽤 줄어들었지만 여전히 많은 기업에 연차와 연공서열 문화가 남아 있다. 오래 근무한 사람이 곧 윗사람인 셈이다. 그러나 우리는 잘 알고 있다. 윗사람이 되기 위해서는 그에 어울리는 태도와 역량을 갖추어야 하고, 단지 오래 근무했다는 이유만으로 승진시켰다가는 팀의 현상 유지는 고사하고 회사 전체를 퇴보시킬 수도 있다. 다행이라면 IMF 이후 그리고 그 후 몇 차례 반복된 초대형 위기와 세계화를 통해 연공서열 문화는 많이 희석된 상태다. 예전 같으면 파격적 발탁이라 불렸을 만한 젊은 인재의 발탁 인사도 이제는 여기저기 많은 회사에서 자주 하는 바람에 굳이 파격으로 생각하지도 않는 것 같다. 이보다 더 큰 문제는 '실적'을 기반으로 승진을 시키는 것이다. 여기서 뭔가 이상하다고 생각할 수도 있다. 지금까지의 실적을 기반으로 승진시키는 것이 객관적이고 동시에 능력에 대한 검증도 완료된 인사로 최적이 아니냐고 생각할 테니 말이다.

: 리더 선발의 가장 중요한 원칙_실적보다는 리더의 자질

결론부터 이야기하자면 실적으로 승진을 시키는 문화는 조직의 후퇴를 불러오는 가장 쉬운 방법이며, 조직을 과거의 방식에 묶어놓는 방법이다. 리더 그룹을 선발하는 첫 번째 원칙은 그 사람이 리더에 어울리는 자질을 가지고 있는지의 여부와 그것을 작은 단위의 조직에서 실현해냈느냐 하는 것이다. 단지 실적을 높게 올렸느냐가 아니다.

직장 연차가 쌓이다 보면 자연스럽게 알 수 있듯이, 실적은 그 사람 개인의 역량이나 노력보다는 조직 전체의 역량 또는 운이 더 강하게 작용한다. 물론 높은 실적을 올린 사람에게는 보상이 따라야 한다. 인센티브를 주거나, 연봉을 높이거나 하는 명시적인 보상이 반드시 있어야 한다. 반대로 실적 미달자는 보너스가 줄어들거나 연봉이 깎이는 일을 경험하게 된다. 어쨌든 조직은 실적으로 굴러가는 것이고, 이런 실적을 만드는 직원들에게 보상을 충분히 해줘야 이를 위해 노력할 동기 부여가 될 것이다.

리더의 역량은 실적이 좌우하지 않는다

실적을 높게 올렸다고 조직의 관리자로 승진시키는 것은 매우 쉬운 보상이 될 수 있지만, 치명적인 실수가 될 수 있다. 조직 관리자의 주된 일은 직원 때처럼 자신의 고객을 만나고 업무 처리를 해서 결과를 만드는 게 아니다. 그보다는 직원들이 각자 고객을 만나서 좋은 결과물을 가져오거나 자신의 업무를 더 빠르고 더 깔끔하게 처리하도록 도와주어 팀 전체가 좀 더 나은 결과물을 만들게 하는 것이다. 그러려면 리더의 역할이 중요한

데, 직원들에게 싫은 소리도 하고, 달래기도 하고, 허심탄회하게 얘기하며 동기 부여를 하고, 목표를 설정해주는 것이 필요하다. 그런데 실적이 높다고 리더 역할을 더 잘할 것이라는 믿음에 대한 근거는 어디에도 없다.

유명세 또는 과거의 엄청난 실적이 리더의 역할과 꼭 맞지는 않다는 가장 유명한 사례들이 잘 나타나는 것이 바로 프로야구일 것이다. 선수 시절 리그를 호령했던 선수가 감독이 된 후에도 잘하는 사례도 있지만, 정반대로 선수 시절에는 존재감도 미미하고 제대로 된 활약도 없었지만, 일찍부터 관리자의 길을 걸으면서 내공을 쌓아 지도자로 성공한 사례들이 더 많다. 한 예로 야구에서 염갈량이라고 불린 염경엽 감독과 미국 메이저리그의 토니 라 루사, 벅 쇼월터, 조 매든 같은 유명한 감독들은 선수 시절에는 이렇다 할 활약이 없었지만, 부단한 자기 노력으로 성공한 감독이 되었다.

실적을 무시하라는 뜻은 아니지만, 실적만 가지고 리더를 뽑을 수는 없다는 얘기다. 승진은 그 사람의 역량과 리더가 되기 위한 준비를 기반으로 해야 한다. 물론 리더가 된 이후에는 철저하게 조직으로서 보여주는 실적을 가지고 승진을 시켜야 한다. 하지만 이 경우에도 팀이 만드는 실적으로 평가하는 것이지 리더 개인의 실적만 가지고 판단하는 게 아니다.

: 동기 부여를 해주는 리더가 필요한, 재택근무

실적과 승진 이야기를 이처럼 길게 하는 것은 재택근무를 조직 혁신과 제대로 연결하기 위해선 매우 필요한 관점이기 때문이다. 앞서 업무 분배와 평가 항목에서 이야기했던 것처럼 재택근무가 되면 상사가 직원들에게 체계적으로 업무를 나눠주고, 취합하고, 평가하는 역할을 수행해야 한다. 그리고 그 과정에서의 피드백을 통해 조직원들의 동기 부여를 유지시키는 역할도 해야 한다. 이런 능력의 보유 여부는 단기적인 실적, 특히 하급자 시절의 실적을 가지고는 도저히 판단해낼 수도 없다. 아니, 오히려 하급자 시절의 실적은 이를 깎아 먹을 위험이 많다. 왜냐하면 실적으로 윗사람 눈에 띌 정도라면 윗사람이 시키는 일에 다양한 생각을 투영하기보다 그저 앞뒤 가리지 않고 덤벼들었을 가능성이 더 크기 때문이다. 또 자기 혼자 목표를 향해 달리는 성향이라는 증명이 될 수는 있지만, 타인과 협업해서 목표를 향해 달려가는지를 증명하는 지표는 아니기 때문이다.

　국내에는 아직 이렇다 할 통계가 나와 있지 않지만, 미국의 한 통계에 따르면 실적이 좋은 관리자 중에서 4~12% 정도는 주변 사람들에게도 치명적이고 조직 전체의 장기적 발전을 저해할 가능성이 아주 높은 사이코패스적 성향을 가지고 있다고 한다. 일반인들에서는 불과 1%도 안 되는 비율로 발견되는데 말이다. 이 비율이라면 정말 실적에만 의존해서 승진시키는 것을 네댓 차례 반복하면 상급 관리자에서는 이들의 비율이 20%를 넘어가는 경우가 생긴다는 뜻이다. 조직이 성과를 만들기는 해야 하지만, 단기적인 성과 이외에는 모든 면에서 부정적인 관리자들을 회사 중심에 세워놓을 수는 없는 일이다.

　실적을 포함해 평가 잣대를 넓히게 되면 직원들에게 관심과 애정을 갖고 동기 부여를 하는 사람, 높은 비전을 가지고 직원들을 격려하고 이끌어주는 사람, 헌신적으로 팀 전체의 성과를 위해 노력하는 사람, 직원 개개인의 어려움을 살피면서 업무적 돌파구를 마련해주는 사람 등의 다양한 리더들을 뽑을 수 있게 된다. 리더들의 이런 태도는 원격지에서 조직원들이 떨어져 있더라도 상당한 소속감과 책임감을 느끼면서 팀 전체를 생각하게 하는 원동력으로 작동할 수 있다.

　　재택근무는 조직원들의 만족도를 높일 수 있고, 자기 주도
적인 일 처리를 하는 직원이 더 많은 성과 창출과 주목을 받을
수 있게 해주는 시스템이다. 또한 일을 제대로 나눠주고, 적절
한 커뮤니케이션과 피드백을 주고, 다양한 방법으로 동기 부여
를 해줄 수 있는 리더를 만나면 높은 성과를 만들어내는 조직
혁신의 도구가 될 수도 있다. 이를 위해서는 조직원의 채용부터
업무 배분과 성과 평가, 피드백 그리고 리더 그룹의 선발과 집
단 창의성 문제 등 여러 요소들에 대한 경영자의 세심한 주의와
관심이 필요하다.

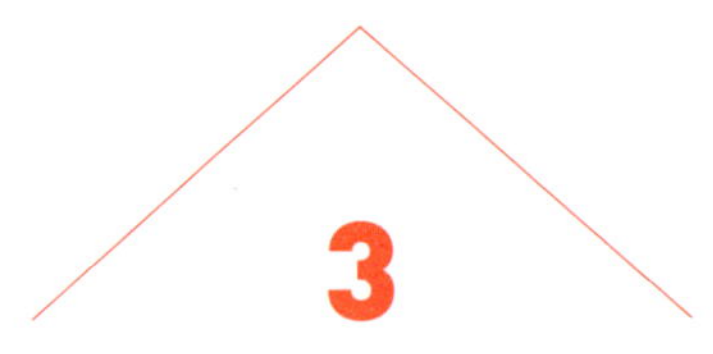

3

재택근무를 위한
경영진의 리더십 스타일 6

💬 대니얼 골먼의 6개의 리더십 스타일

여기서 이야기하려는 리더십 스타일은 《EQ 감성지능》(웅진지식하우스, 2008)으로 유명한 대니얼 골먼(Daniel Goleman)이 2000년 〈하버드 비즈니스 저널〉에 기고했던 '성과를 이끌어내는 리더십'에서 제시한 6개의 스타일이다. 골먼에 따르면 일반적으로 리더들은 명령형, 비전제시형, 조화공감형, 민주형, 페이스세팅형 그리고 코칭형으로 구분할 수 있다.

명령형

말 그대로 "내가 말한 대로 해!" 스타일이다. 강압적이고 권위적인 느낌을 전달해서 경력과 역량이 높은 인력들에게는 반발을 사기 쉽다. 하지만 경험이 부족한 직원들에게나 혼란스러운 상황에서는 적절한 스타일이다.

비전제시형

우리가 이렇게 노력하는 것의 궁극적 목표가 무엇인지를 설명하고, "나와 함께 갑시다"라는 느낌을 주는 스타일이다. 목표가 상실된 조직 또는 혼란을 겪은 후 차츰 안정되어가는 조직에서는 효과적이겠지만, 당장 해결해야 할 문제가 있는 조직에서는 적절하지 않다.

조화공감형

조직원들 사이의 정서적 공감대와 협력 분위기를 만들어내는 데 적절하다. 자존심 강한 직원들 간의 갈등이 있는 조직이나 정서적인 면이 약한 조직에 맞는 스타일이다.

민주형

직원들의 의견을 경청하고, 이들의 의견이 수평석으로 반영될 수 있도록 노력하는 성향이며, 팀 내부에서 협력하는 분위기를 만들어내고, 갈등이 첨예화하지 않도록 만드는 데 필요한 스타일이다.

페이스세팅형

이름이 주는 느낌과는 다르게, 프로 의식이 강하고 역량이 탁월한 직원들에게 원대한 목표를 제시하고 이를 강하게 이끌어간다. 직원들 역량이 높고 훈련도 잘된 조직에서 "내 속도만큼 따라와줘"라고 요구하는 스타일이다. 리더 자신도 엄청난 성취욕이 있고, 이를 이해하고 받쳐줄 직원들이 있을 때 사용하는 방식이다.

코칭형

직원들 개개인의 상황과 역량에 맞춰 적절한 동기 부여와 가이드를 주고, 지금보다 한 단계 더 성장하도록 도우면서 결과를 만들어낸다. 장기적인 조직 발전을 위해 적절한 리더십이라고는 하지만, 역시 단기적으로 해결해야 할 숙제가 많은 상황에서는 쉽게 적용하기 어렵다는 단점이 있다.

각 리더십 스타일이 다른 리더십 스타일보다 우월하거나, 언제 어디서나 효과적일 수는 없다. 그래서 조직 상황과 직원들의 태도 및 팔로어십에 따라 리더십이 적절하게 바뀌어야 한다는 것이 골먼이 얘기하는 리더십의 핵심이다. 예를 들어 직원들의 업무에 대한 숙련도와 자신감이 낮고, 어떤 걸 해야 할지 모르며 우왕좌왕할 때는 강력한 명령형 리더십이 적절할 것이고, 시간이 지남에 따라 직원들의 역량이 올라가고 조직이 강력해지면 그때는 비전을 제시하거나, 높은 목표에 맞춰 함께 뛰는 페이스세팅형이 더 적절할 것이다. 따라서 리더는 이 여섯 가지 리더십 스타일을 상황에 맞게 적절히 구사할 줄 알아야 한다.

리더십 스타일별 주의할 점

재택근무는 우리나라 경영자들에게는 낯선 상황이고, 어느 리더십 스타일이 적절할지 명확하지 않은 게 사실이다. 시장 상황과 조직의 특성, 직원들 개개인의 준비도나 자기 주도성 등의 정도에 따라 적절한 리더십이 갈리겠고, 이를 확인하기 위해서는 결국 소규모 실험을 해봐야 한다. 다만 재택근무라는 환경의 특성상 리더십 스타일과 관련해서 몇 가지 주의할 점이 있다.

명령형 리더십에서 주의할 점

명령형은 문제를 해결하기보다 문제를 만들어낼 확률이 높다. 사무실에서는 리더의 의도나 방향이 함께 전달될 여지가 많은데 리더의 손짓과 몸짓, 태도, 시선, 목소리의 크기 등이 한꺼번에 전달되기 때문이다. 하지만 컴퓨터 화면에서는 제약이 많다. 지나치게 강한 말투는 상대방에게 오해를 불러일으키기 쉽고, 감정을 상하게 할 확률도 높기 때문이다. 일단 이렇게 부정적인 감정이 생길 경우 해결하기도 쉽지 않다. 1:1 면담을 하기도 어렵고, 하다못해 회식을 하겠다고 팀원들을 불러 모으기도 어렵다. 오해나 갈등이 생기면 그 자리에서 풀지 못하기 때문에 부정적인 관계가 오래 지속된다. 명령형 리더십 스타일을 써야 할 상황이라면 일주일 내내 재택근무를 할 것이 아니라 최소한 주 1~2회는 사무실에서 만나 배경 설명을 해줄 수 있을 때 적절하다.

조화공감형, 민주형, 코칭형 리더십에서 주의할 점

조화공감형과 민주형, 코칭형은 어떻게 보면 가장 이상적인 리더십 스타일일 수 있다. 그렇지만 이 스타일에도 문제가 나타난다. 아무리 실적과 결과만으로 판단하는 것이 재택근무라곤 하지만 업무의 난이도나 직원들의 역량 그리고 개인적인 상황 등에 따라 실적이 들쭉날쭉할 여지가 많은 것도 재택근무다. 또한 직원들 중에는 제도를 악용하는 경우들도 나오기 마련이다. 앞서 이야기한 IBM 같은 대기업도 직원들의 성과가 불충분하고 몰입이 약해 근 20여 년간 지속해온 재택근무를 포기했다.

조화공감형이나 민주형 그리고 코칭형은 직원들에게 좋은 소리를 들을 수 있는 리더십 스타일이지만, 성과를 내지 못하고, 일을 제대로 수행하지 않는 태도를 가진 직원이 많을 경우 조직 전체가 느슨해지고 와해될 여지가 많은 리더십 스타일이기도 하다. 직원들의 동기 부여 상태가 매우 높고, 숙련도와 역량도 충분하고, 목표와 비전을 정확히 공유한 상태라면 이런 스타일의 리더십이 더 적절하다. 하지만 시장의 변화가 크고, 예측하기 어려우며, 앞에 세웠던 계획과 다른 업무들이 수시로 요구되어야 하는 상황이라면 부드러운 리더십은 오히려 갈등이나 짜증을 불러일으키기 쉽다. 처음엔 나이스하게 하더니 갑자기 강압적으로 바뀌는 방식이 될 수 있기 때문이다. 또 우리나라 경영진 중에는 이런 스타일이 아닌 경우가 많아서 자기 몸에 맞지 않는 옷을 입은 것 같은 태도 때문에 직원들에게 오히려 반발이나 불만만 더 만들어낼 수도 있다.

비전제시형 리더십에서 주의할 점

비전제시형은 조직원들의 동기 부여 상태가 좋을 때 적절한 방식인데, 재택근무에서도 꼭 필요한 리더십 스타일이다. 어느 누구든 일의 궁극적 목표에 대한 이해가 있어야 일을 좀 더 열심히 하려 할 것이다. 다만 직원들의 동기 부여 상태가 낮거나, 일할 수 있는 시스템이 제대로 갖춰져 있지 않은 경우에는 효과가 떨어진다. 그리고 경영진이 그럴싸하게 큰 그림을 이야기하지만 정작 하루하루 운영하며 바로 앞의 문제 이외에는 전혀 관심 없는 태도를 보여왔다면, 재택근무를 한다면서 갑자기 비전제시형 태도를 취한다 해도 직원들이 믿지 않을 것이다. 그리고 그 비전에 대해 공감하지도 않을 것이다. 또 자칫 경영진 스스로 비전을 설명한 것을 '업무 지시'를 다 했다고 착각하는 경우도 있을 수 있다. 큰 목표나 장기간에 걸친 지향점을 공유하는 것과 그래서 어떤 일이 내일 당장 이뤄져야 하는지는 전혀 다른 이야기다. 전자를 설명했다고 후자가 명확해지는 것은 경영진만 그렇게 생각하는 것이다. 대부분의 직원들에게는 여전히 하루치의 명확한 업무 지시가 주어져야 한다.

: 페이스세팅형 리더십에서 주의할 점

페이스세팅형은 직원이 소수이고, 모든 면에서 충분히 준비된 경우에 적용하면 적절하다. 스타트업에서 재택근무 시 가장 많이 사용하는 방식이다. 무엇보다 창업자의 목표와 방향을 명확하게 알고 있기 때문이기도 하고, 보통 스타트업은 각 업무 분야별로 최소 인원이지만 경력직으로 이뤄지기 때문에 세부적인 지시보다는 리더가 목표를 향해 솔선수범하면서 강하게 밀어붙이는 것이 적절하다. 이렇게 하더라도 재택근무의 특성상 개인에게 일정한 자기 주도적 시간과 공간이 제공되기 때문에 갈등이 커지지 않는다. 일반 회사라면 조직원들의 준비 상태에 따라 적절성 여부가 크게 갈린다. 만약 경험이 부족한 말단 직원이 일부 있고, 나머지 직원들은 혼자서 충분히 처리할 수 있다면 리더는 주니어말단 직원들에게는 명령형과 코칭형의 결합을, 나머지 직원들에게는 비전제시형 또는 민주형이 적절한 접근이다.

사무실 근무에 딱 맞는 리더십 스타일이라는 것이 없듯이 재택근무에 딱 맞는 리더십 스타일도 존재하지 않는다. 다만 분명한 것은 조직의 목표와 공감대, 직원들의 준비 상태 그리고 시장의 변화 등 여러 요소를 고려해서 적절한 리더십을 취해야 한다.

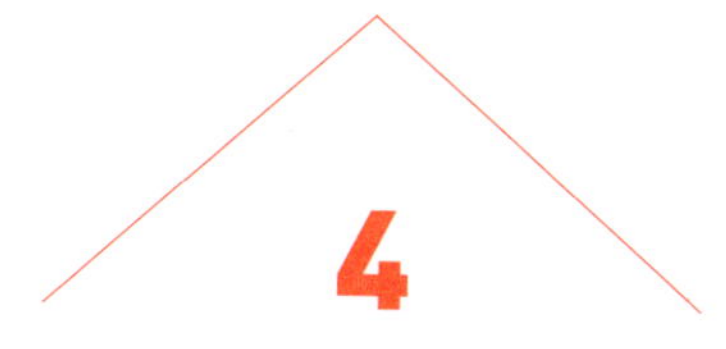

재택근무, 다양한 기준을 적용해라!

신규로 뽑는 인력에 대해서는 실무를 본격적으로 수행하기 전, 앞서 이야기한 여러 가지 방법으로 소통할 수 있는 기회를 주면 그 자체로 기업 적응과 재택근무 시스템에 대한 적응까지 기대할 수 있다. 이들은 어차피 새로운 곳에 오는 것이어서 재택근무 역시 그냥 적응해야 할 새로운 시스템의 일부이기 때문이다.

경영진에게 더 어려운 것은 기존에 있던 인력들의 재택근무다. 2020년 2월과 3월에 많은 기업이 반강제로 재택근무를 했다. 이때 많은 경영진이 재택근무가 비효율적이라고 생각한 것 같다. 5월 이후 확진자가 줄어들면서 대부분의 기업이 사무실 근무로 복귀했으니 말이다. 물론 SK그룹처럼 최고경영자가 기업 문화와 비즈니스 혁신을 위한 도구로 재택근무를 선택하고, 이에 맞춰 재택근무나 원격근무, 월 3주 재택근무 등의 다양한 온오프 근무 방식을 실험하는 경우도 있고, 네이버나 카카오 같은 IT 업체들도 재택근무를 적극적으로 활용하고 있다. 미국의 페이스북이나 트위터 같은 대기업들은 당분간 시한 없이 재택근무를 표준적 근무 체계로 운영하겠다고 발표하기도 했다. 우리 정부도 재택근무나 유연근무제를 시행하는 회사에 인센티브를 주는 방법으로 재택근무를 확대 적용하도록 유도하는 중이다.

하지만 앞선 장에서 언급했던 여러 가지 이유, 즉 제조업과 서비스업, 건설업 등 재택근무가 어려운 산업을 주력으로 삼는 산업 구조와 대면 소통을 중시하는 문화, 경영진 및 관리자들의 대면 통제에 대한 욕구 등 다양한 이유로 쉽게 확대되지 못하고 있다. 그리고 언급하지는 않았지만, 직원들 중에서도 상당수가 재택근무를 불편하고 업무 효율을 떨어뜨리며 사람을 불안하게 만드는 시스템이라고 비판하는 경우도 있다.

재택근무는 그 특성상 직원들이 '자기 주도적'으로 일할 수 있는 역량을 반드시 가지고 있어야 한다. 시키지 않아도 일을 찾아서 하고, 명확한 지시나 꼼꼼한 설명이 없어도 나름대로 방법을 고민해서 결과를 만들어내야 한다. 그리고 약속된 납기는 칼같이 지켜야 갈등이 생기지 않으면서 효율이 나는 시스템이다. 다시 말해 이와 반대되는 성향을 가진 직원들에게는 매우 힘든 시스템이라는 뜻이다. 그러면 일에 대한 이해도가 낮은 신입사원이나 부서 이동이 잦은 회사의 직원들, 명확한 지시 없이 일할 경우 문제가 발생하기 쉬운 재무나 생산 기술, 고객 서비스 등의 직군 담당자들은 어떻게 할 것인가에 대한 문제가 있다. 이들은 일의 납기가 중요하기 때문에 아무래도 순발력이 떨어지는 원격근무보다는 사무실 또는 현장 근무를 선호한다. 또 자기 주도적이지 않고 시키는 일만 하고 싶어 하는 수동적인 직원들이나 중간관리자가 밀착 관리하면서 수동적이 된 직원들의 경우에도 재택근무 효율이 잘 나타나지 않는다.

이상의 문제들을 정리하면, 기업이 기존 직원들을 대상으로 재택근무를 적극적으로 도입할 것인가의 문제에는 외부 상황이나 신규 입사자 이외에도 산업의 특성, 직무의 특성, 조직 관리자의 성격 및 직원들 개개인의 특성 등이 모두 영향을 미친다는 것을 알 수 있다.

온라인화와 언택트 문화까지 고려한다 해도 재택근무가 산업의 특성상 매우 불리하거나 아예 이루어질 수 없는 산업이 있다. 오프라인 매장을 운영하는 서비스업이나 유통업, 제조 라인을 운영해야 하는 제조업 및 중후장대 시설을 활용해야만 사업이 가능한 호텔이나 대형 공장, 건설업, 조선업 등도 재택근무는 언감생심이다. 물론 이런 업종에서도 관리직 직원들은 재택근무를 할 수 있다. 가령 지방에 공장이 있고 재무, 법무, 마케팅, 홍보팀 등이 서울에 있다면 서울 직원들은 재택근무를 할 수도 있다. 하지만 현장 근무 직원들 사이에서 불만이 나오기 쉽고, 지원 부서의 소수 인원이 재택근무를 한다고 해서 기업 문화의 큰 변화나 혁신 아이디어가 나오는 일은 별로 없다. 이 경우 기업의 특성상 핵심 인력은 전부 공장 인력이거나 아니면 R&D 인력인데, 이런 인력은 재택근무에 적합하지 않기 때문이다. 미국에서도 2010년대까지 미국 내 전자 제품 유통 1위 기업이었던 '베스트 바이(Bestbuy)'가 매장 직원들은 제외하고 본사 직원만을 대상으로 몇 년에 걸쳐 재택근무를 하는 실험을 했지만, 기업 문화도 바꾸지 못했을뿐더러 실적 개선으로도 연결시키지 못한 채 막을 내렸다. 다만 이 업종에서도 기업 홍보용 웹사이트가 아닌 본격적인 온라인 비즈니스를 추진하거나 고객과의 온라인·모바일 접점을 만들겠다는 생각이 있다면(예: 제조업체의 자사 몰의 플랫폼화 추진), 늘 뽑던 스펙의 인력이나 기존 인력이 아닌 새로운 인력의 수혈이 필요하다. 이 경우라면 앞서 경력직 사원 채용의 설명에 맞게 고민하면 된다.

💬 재택근무가 적합한 직무 vs 적합하지 않은 직무

산업의 요소를 배제하고 직무로만 따져본다면 재택근무에 좀더 적합한 직무들이 있다. 주로 혼자서 일정 시간의 작업을 해야만 결과가 나오는 직무나 개인의 창의성이 크게 작용하는 직무들이다. 서비스 기획자, 개발자, 디자이너, 콘텐츠 기획자, 마케터 등 아이디어와 고객에 대한 감각이 중요한 직무들은 사실 사무실에 있든 자기 집에 있든 별 차이가 없다. 근무 중에도 주변의 방해 없이 혼자 몰두하는 시간이 필요하고, 사무실 밖에서 다양한 사람을 만나거나 다양한 장소를 찾아다니는 경험을 쌓아야 하는 사람들이기 때문이다.

영업직 역시 이런 직군에 해당한다. 회사에서 영업 실적 관리와 영업 지원 시스템만 제대로 만들어 운영한다면 아예 정직원일 필요가 없는 경우도 생긴다. 자동차나 보험의 경우가 그렇다.

다만 B2B 영업의 경우 고객사와 오랜 기간의 네트워킹이 필수적이고, 산업 자체에 대한 이해도 많이 쌓여야 하기 때문에 정직원으로 영업을 해야 한다. B2B 특성상 제조업이 월등히 많아서 재택근무가 적용될 일은 많지 않아 보인다. R&D 직원들의 경우 연구소에 있는 설비를 반드시 활용해야 한다면 재택근무가 불가능하겠지만, 설비 이용의 필요가 적다면 재택근무를 활용하는 것도 큰 문제는 아닌 직군이다.

사업 기획, 재무, 인사, MIS(경영 정보 시스템) IT 서비스 부서 같은 경우에는 경영진이 이들의 부재를 견딜 수만 있다면 재택근무와 사무실 근무를 혼합하는 형태의 근무가 얼마든지 가능하다. 습관적으로 처리해야 하는 업무들은 굳이 사무실이 필요치 않고, 경영진의 지시와 협의를 통해 진행해야 하는 업무들 또는 부서에서 시작하여 경영진을 설득하는 업무들의 경우에는 아무래도 사무실 근무가 더 적합하다. 하지만 이 경우에도 굳이 사무실에 매일매일 출근해야 하는 것은 아니다. 극단적으로 말해서 경영진이 이들을 자꾸 자기 자리로 호출하거나 회의를 갑자기 소집하지만 않는다면, 얼마든지 재택근무를 할 수 있는 직군들이다. 단, 모든 회사에서 이런 분류가 통용될 수는 없다.

구글의 CEO(정확히는 구글의 모회사인 알파벳의 CEO) 순다르 피차이(Sundar Pichai)는 최근 재택근무에 대해 "회사의 일부 부서에서 생산성이 저하된 것은 물론이고 내년 제품을 위한 브레인스토밍을 시작하는 데 원격근무가 얼마나 효과를 낼지 확신할 수 없다. 다만 어떤 부분에서 잘 작동하고 그렇지 않은지를 연구 중이다"라는 반응을 보였다. 엄청난 인력과 시스템을 갖추고, 완벽하게 온라인화에 최적화된 사업 포트폴리오를 가진 구글마저도 재택근무가 아주 편안한 시스템은 아닌 것이다. 어느 직군이 재택근무에 가장 적합할지에 대해서는 경영진의 충분한 고민이 있어야 한다는 의미이다.

기업의 경쟁력을 강화하기 위한 조직 혁신 차원에서 경영진이 결정하는 재택근무에 대해 직원 개개인의 특성이나 입장을 고려하는 것은 불필요한 일일뿐더러, 근무 시스템에 반영하기도 어려운 주제다. 다만 기왕 도입하는 재택근무를 효율적으로 운영하기 위해서 또는 조직 특성상 도입하지 않는 게 낫다는 의사 결정과 관련해서는 조직원들의 특성을 고려할 필요가 있다. 특히 중간관리자급, 대략 과장에서 팀장급 정도의 인력의 특성은 재택근무의 성패에 큰 영향을 미치기 때문에 잘 고려해야 하고, 필요하다면 앞 장에서 언급한 것처럼 새로운 관리 인력을 뽑아야 할 수도 있다. 중간관리자들 중에서 가장 신경을 써야 하는 유형은 대략 다음의 세 가지 정도다. 지금까지 중견·중소 기업들을 대상으로 진행했던 조직 문화 진단 및 중간관리자 교육 프로그램에서 확인된 결과들이다.

영업 부서에 많은 저돌적 독불장군형 관리자

이런 유형은 일 잘하고 성실하고 실적 잘 만들어내는 능력자지만, 자기주장이 강하고, 부하 직원들과 수직적인 관계를 형성하고 있을 가능성이 많다. 주어진 목표에 최선을 다하고 상사와 조직을 위해 몸 바쳐 충성하는 것처럼 보인다. 특히 중견 기업의 영업팀이나 마케팅팀 등에서 흔히 보이는 유형으로 이런 관리자가 가지는 단점으로는 사고의 유연성이 떨어진다는 점, 의외로 불안이 높고 통제 욕구가 강해서 부하 직원들을 강력하게 밀착 관리한다는 것이다. 재택근무의 목적은 직원들에게 사고의 유연성을 갖게 하고, 창의적인 생각을 유도하고, 자기 나름의 대안을 찾아보기 위한 공간을 제공하는 데 있다. 그렇지만 독불장군형 관리자는 재택근무를 하게 되더라도 자기 불안과 통제 욕구 그리고 사고의 경직성 때문에 직원들의 불만을 산다. 재택근무를 할 경우 시스템을 이용해 출근을 확인할 수 있는데도 업무를 시작하는 사진을 찍어서 올리라거나 업무 계획을 시간 단위로 작성하여 업무 시작 전에 단톡방에 공유하기를 요구한다. 또 점심 식사 전에 오전 업무 내용을 정리해 보고서로 올리게 하고 오후 업무 일지까지 정리하기를 원한다. 만약 중간에 외부의 누군가와 통화했거나 자리를 비우게 되면 만난 사람의 기록과 내용 등도 모두 정리해서 올려야 하는 등 직원들이 인거수일투족을 관여한다. 재택근무가 이렇게 되면 사무실에 출근하는 것보다 못한 상황이 된다. 이런 유형의 관리자가 회사 전체 중간관리자의 30%를 넘는 것으로 판단되면 재택근무는 도입하지 않는게 맞다. 조직을 혁신하고 직원들에게 동기 부여 요소를 주고, 기존과는 다른 생각을 떠올리라고 시작한 재택근무가 온라인 감옥이 되면 차라리 하지 않는 게 낫다. 이 유형의 중간관리자들은 감옥의 간수가 될 가능성이 매우 높은 사람들이다. 경영진이 잘 이야기하면 중간관리자들의 통제 성향이 줄지 않을까 싶겠지만, 그들은 자기 불안이 높기 때문에 어떤 식으로든 직원들이 자신의 감시에서 벗어나는 걸 견디지 못한다. 따라서 이런 관리자가 아닌 부서부터 재택근무를 시작하거나 아니면 이런 인력의 비율을 낮춘 다음에 시작하는 것이 효율적이다.

예민하고 정서적으로 불안정한 관심추구형 관리자

이 유형은 자신을 굉장히 드러내고 싶어 하고, 윗사람들에게 아주 잘한다. 자신의 역량은 그 욕구에 비해 부족하고, 말과 행동은 화려하지만 실제 실력이나 실적은 그에 비해 떨어지는 관리자다. 사무실에 있을 때도 직원들의 편을 가르거나 뒷담화를 하기도 하고 특정 직원을 편애하거나 반대로 아무 이유 없이 미워해서 갈등을 일으키는 성향이다. 관심추구형 관리자들은 마케팅, 홍보, 인사, 기획 분야 등에서 자주 보이는데, 이런 관리자들이 관리자의 30%를 넘는 회사에서도 재택근무는 불가능하다. 대체로 업무 능력이 떨어지는 사람들이라서 이들 대신 부하 직원들이 컴퓨터 화면 너머에서 죽어나고 있을 가능성이 높고, 성과는 엉망진창이 될 위험이 많다. 그리고 이 관리자의 편애하는 성향 때문에 경영진 입장에서 직원들에 대해 잘못 판단할 위험도 다분하다. 사무실에서는 그래도 직원들 개개인의 모습을 경영진이 관찰할 기회가 있지만, 재택근무 시에는 중간관리자의 보고 외에는 직원 개개인을 이해할 방법이 별로 없기 때문이다. 대외적인 것들과 시각적인 것들에 강점이 있는 매니저들이라서 아예 내보내거나 할 수는 없지만, 이런 인원의 비율이 높은 회사라면 조직의 건강을 위해 재택근무는 하지 않는 것이 맞다.

착하고 성실하지만 업무 구조화가 되지 않는 관리자

이 유형은 대인 관계에서 착한 모습이고, 주어진 일도 열심히 하고, 남들도 적극적으로 도우려 한다. 하지만 복잡하고 어려운 사안에 대해 다각도로 생각하는 것, 명확하지 않은 상황에서 적절한 대안을 찾아 빠르게 실행시키는 것 그리고 복잡한 과제를 잘게 나누고 우선순위를 적절히 부여하여 이해관계자들을 설득시키는 일 등에서 취약점을 보이는 관리자다. 조직에 안정감을 주고, 주변 사람들을 잘 챙긴다는 점에서는 좋은 사람이지만, 일을 구조화시키지도 못하고, 복잡한 사안을 깔끔하게 정리하거나 새로운 대안을 제시하지 못한다. 이런 관리자들이 많은 회사도 재택근무가 실패할 확률이 높다. 재택근무는 일을 배분하고 종합하는 중간관리자의 업무 구조화 능력이 매우 중요하기 때문이다. 아무래도 재택근무를 하게 되면 사무실에서의 커뮤니케이션만큼 자유롭고 풍부한 회의나 의견 교환 기회를 가지기 어렵게 된다. 또한 업무 맥락 파악에도 제한이 많아서 관리자가 이런 역할을 제대로 수행하지 못하면 부서원 전체의 생산성이 급격히 떨어진다.

지금까지는 설명의 편의를 위해 재택근무를 하루 종일, 매일, 최소 몇 달은 지속되는 시스템으로 가정하여 이야기했다. 하지만 재택근무 도입은 'all or nothing' 형태가 오히려 특이한 경우이고, 여러 형태의 조합이 나올 수 있다. 가장 극단적인 경우는 아예 사무실이 없고 기업의 구성원 모두 기간 없이 재택근무를 하는 경우다. 국내에서는 몇몇 IT, 콘텐츠, 제조 스타트업 기업이, 그리고 미국 등에서는 주로 IT 기업들이 이런 방식을 취하고 있다. 그러나 재택근무는 커뮤니케이션에 분명한 제약이 있고, 기존에 오랫동안 사업을 해온 기업에는 낯설고 부담스러운 방식이기 때문에 이런 경우가 오히려 극단에 가깝다. 국내 기업들은 코로나19 때문에 반강제적으로 도입한 때를 제외하면 주로 사무실 근무와 재택근무를 절충한 하이브리드 방식의 도입을 실험하고 있는 것 같다. 가령 네이버나 카카오, 롯데를 보면 일주일에 1~2일 정도는 재택근무를 하고, 3~4일은 출근하는 식으로 주중에 근무 형태를 나누는 경우가 일반적이고, SK처럼 한 달에 1주는 사무실 출근, 나머지 3주는 재택근무 또는 자율근무제를 결합하는 형태도 있다.

조직에 적응할 시간을 준다는 점에서는 주중에 출근과 재택근무를 혼합하는 형태가 더 낫다. 하지만 직원들에게 불편함과 생활 리듬의 혼란을 준다는 점이나 재택근무의 장점을 충분히 체험하기 어렵다는 점 그리고 재택근무가 보여주기 식이 아니라 실제 조직의 변화를 이끌어내야 한다는 점에서는 1주 출근, 3주 재택근무 방식이 더 적절하다고 생각된다. 조직에 따라서는 오전엔 재택근무를 하고 오후엔 출근하는 방식으로 시험하는 곳이 있다. 그러나 출퇴근의 압박을 줄여준다는 큰 장점이 희석되는 방식이라서 이렇게 하루 중에 시간을 쪼개기보다는 그냥 출퇴근 시간 없이 정해진 시간을 근무하는 자율 출퇴근제가 더 나을 듯싶다.

재택근무의 형태를 결정할 때 고려해야 할 요소 세 가지를 소개해보겠다.

첫 번째는 우선 다른 조직이 했으니 우리도 하자는 식의 벤치마킹이나 베스트 프랙티스는 존재할 수 없다는 점을 충분히 인식해야 한다는 것이다. 심지어 같은 산업에 같은 규모의 기업들이라 해도 조직 문화나 경영진의 평소 철학과 태도, 중간관리자의 준비 정도, 직원들의 동기 부여 상태 또는 역량 보유 상태에 따라 판이한 결과를 가져올 수 있는 것이 재택근무다. 그러므로 철저하게 자기 회사의 상황에 맞춰야 한다. 재택근무는 우리에게 익숙한 사무실 근무와는 많은 점에서 차이가 있는 시스템이다 보니 회사 상황에 딱 맞는 솔루션을 찾지 않고 다른 회사의 시스템을 그대로 가져오는 경우 성공할 가능성이 매우 낮다.

두 번째는 실험을 충분히 해야 한다는 것이다. 스타트업에서 자기 제품이 시장에서 먹힐지를 최대한 빠르게, 최소 비용투입으로 확인하고 이에 맞춰 사업을 전개해나가는 방식을 린 스타트업(Lean Startup)이라고 부른다. 재택근무의 속성상 초기에는 혼란이 크고, 이후 안정기에 접어들면 기대했던 조직 변화나 직원들의 의식 개혁, 새로운 인재의 영입과 신규 성장 기회 도출 등을 실현할 기회를 잡을 수 있다. 하지만 조직의 성격에 따라서는 처음부터 잘 굴러갈 수도 있고, 반대로 아무리 오래 해도 사무실 근무만큼의 생산성이 나타나지 않을 수도 있다. 경영진이 초기의 실패만 지켜보고는 '우리와는 맞지 않아'라고 섣불리 판단할 위험도 많다. 따라서 몇몇 부서나 몇몇 사업부를 대상으로 먼저 실험해볼 필요가 있다. 마치 린 스타트업처럼 여러 방안을 실험해보고 부작용을 최소화할 자신이 생겼을 때 재택 근무를 본격 도입하는 것이 적절하다.

세 번째는 기왕 테스트하거나 도입할 것이라면 재택근무 의 장점을 활용할 수 있도록 통 크게 도입해야 한다는 것이다. 주 1회라도 재택근무를 하면 직원들의 출퇴근 스트레스가 줄어 들어 효과적이지 않을까 싶겠지만, 주중에 재택과 사무실 근무 가 섞이면 노트북과 업무 서류를 들고 계속해서 왔다 갔다 해야 하고, 업무를 진행하던 연속성이 끊기기 쉬우며 업무 협의에도 시간이 추가로 더 들어가 차라리 출근하는 게 낫다는 생각을 직 원과 중간관리자 모두 하게 된다. 전면적인 도입까지는 아니어 도 '2주 재택 + 2주 사무실 근무' 형태가 되면 이런 혼란이 조금 이나마 줄어든다. 그리고 이 정도의 기간, 즉 최소 1~2주 정도 의 연속된 재택근무는 보장되어야 재택근무의 장점이 업무 속 에 녹아들 시간이 확보된다. 사람이 금세 적응하는 것처럼 보이 지만 관성이라는 것이 있고, 몰입 역시 환경에 대한 익숙함이 선행되어야 나타나기 때문에 2주 이상의 재택근무를 연속으로 진행하는 것이 생산성에 더 도움이 된다.

5

재택근무에 맞는
인력 채용과 보상을 설계해라!

시스템 전체에 대한 고민을 시작하는 경영진이라면 인력 채용부터 생각하는 것이 필요하다. 그러므로 이 주제가 구체적인 시스템 고민의 출발점이 되는 것이 맞을 것 같다.

경력직 중심으로 채용해라

재택근무와 관련해서 가장 중요한 점은 재택근무에 맞는 인력을 뽑아야 한다는 것이다. 예전에는 적절한 사질을 가진 신입사원을 단체로 뽑아 집단의식도 기르고, 업무 순환제 등으로 여러 보직에 대한 훈련도 시키면서 회사에 최적화된 인력을 키우는 방식이 표준이었다. 회사 내에서 일 잘하는 사람은 전반적으로 회사에 대해 잘 알고, 많은 사내 네트워크를 가지고 있으며, 윗사람들과도 인간적인 친분이 있는 사람이었다. 이를 뒷받침하는 시스템이 바로 대규모 공채였다.

하지만 온라인화와 코로나19로 인해 급격한 변화를 겪고 있는 지금, 이런 전통적인 시각은 큰 의미가 없다. 단체로 뽑았다고 해서 조직에 대한 소속감을 갖지도 않고, 우리 회사가 얼마나 좋은 회사냐고 아무리 자랑해본들 블라인드나 인터넷 카페를 통해 회사가 감추고 싶어 하는 문제점을 얼마든지 알아볼 수 있는 세상이다. 예전에야 "우리 회사가 좋고, 우리는 비전이 있고, 우리가 주는 보상이 최고다"라고 말하면 통했겠지만, 지금은 '어떤 회사가 더 좋고, 성장이 더 빠르고, 월급을 더 많이 준다'를 몇 시간의 검색만으로도 알 수 있는 세상이다. 더불어 회사도 신입사원 뽑아서 몇 년간 인력 개발 비용을 투자해도 불과 2~3년 만에 나가는 세상이다. 조사에 따르면, 중소기업에서 신입사원이 3년을 버티는 비율이 30%도 되지 않고, 대기업도

60% 수준이라 한다.

그만큼 시장의 급격한 변화는 신입사원을 뽑아서 차분하게 역량을 키울 만큼의 여력을 주지 않는다. 카카오를 보면 국내 최대 메신저 업체이지만, 국내에서 가장 성장 속도가 빠른 은행의 대주주이기도 하다. 2010년대 중반, 국내 은행 중에서 향후 경쟁자로 카카오가 등장할 것을 예측하면서 대책을 세워야 한다고 생각한 회사가 과연 몇이나 있었을까? 또한 카카오만큼 유연하고 능력 있는 기획자와 개발자를 뽑아야 한다고 생각한 곳이 얼마나 있었을까? 사실 5년 전에 이런 생각을 했다 해도, 기존 은행에서 신입사원을 뽑아 5년간 교육시킨다고 카카오의 인력만큼 모바일 뱅킹에서 경쟁할 역량들이 육성되었을지 의문이다. 산업의 변화 측면에서 보았을 때 5년은 너무도 긴 시간이지만, 인력의 육성과 개발이라는 측면에서 보면 5년은 너무도 짧은 시간이다. 즉 카카오가 위협이 될 것이라고 은행들이 5년 전에 미리 예측하고 각종 모바일 서비스를 혁신할 인력들을 신입으로 뽑았다 해도, 그 인력들이 5년 내에 의미 있는 변화를 만들어낸다는 긴 불가능한 일이었을 것이다.

결국 시장의 변화 속도에 내부 인력의 역량을 맞추려면 신입이 아닌 경력직을 뽑아야 한다는 결론에 도달한다. 경력직도 그냥 1년에 한 번 뽑는 것이 아니라 수시로 사업부별, 부서별로 뽑아야 한다. 예전 같으면 떠들썩하게 신입사원 교육도 하고, 환영 행사도 했겠지만, 소규모로 수시 입사한 직원들에게는 그런 것들을 해줄 수도 없고, 할 필요도 없다. 마치 통과의례처럼 신입사원들에게 주어졌던 '창업주의 창업 정신' 같은 걸 외우게 할 필요도 없고, 거기에 드는 아까운 시간도 허비할 필요가 없다. 들어온 직원도 그런 것보다는 빨리 업무에 뛰어들어 실적을 만들고 싶어 한다.

공채와 신입사원 교육, 배치 등의 과정을 중앙집권화하지 않고 협업 부서 단위의 업무로 이양하면, 아무리 짧아도 3개월 이상 소요되던 채용부터 투입까지의 시간을 단축할 수 있다. 더불어 경력직이기 때문에 직무 교육에 드는 시간도 최소화할 수 있다. 그리고 이들에게 재택근무를 제공한다면 더더욱 빠르게 실무를 시작할 수도 있다. 물론 업무 카운터파트너가 누군지도 잘 모르고, 협업 대상에 대해서도 잘 알지 못하고, 리더들과도 스킨십이 없었던 경력직에게 재택근무를 시키면 일을 잘해낼지 의문이 들 수 있다. 그러나 프리랜서들에게 계약에 기반해서 일을 시켜보면 불과 한두 번의 미팅으로도 곧잘 성과를 만드는 사람들이 있다. 물리적으로 사무실에 함께 있어야만 성과를 만드는 것이 아니라는 얘기다.

💬 시장 가격에 기반한 보상을 해라

새로 뽑은 직원이 기존의 조직 문화에 적응할지 여부가 명확하지 않다면 관찰 기간(probationary period), 즉 수습 기간을 정하는 것이 가장 손쉬운 방법이다. 물론 경력에게도 수습 기간을 설정하면 유능한 직원일수록 기분 나빠 하거나 채용하자마자 정규직으로 인정해주는 회사로 가려 할 것이다. 그러므로 이 기간은 오히려 급여를 더 주는 방법으로 대처할 수 있다. 국내에서는 일반적으로 수습 기간에는 급여를 적게 주는 것이 맞다고 생각하고 그렇게 운영하지만, 진짜 실력 있는 인력들은 수요도 많고, 갈 곳도 많다. 이런 인력들을 잡고 싶은데, 다만 그 인력과 우리 조직의 호흡이 맞을지는 확인해봐야 하므로 수습 기간을 설정하고, 불안정한 신분에 대한 보상을 추가로 제공해 운영하자는 것이다. 가령 일정 기간 근무를 조건으로 사이닝 보너스(signing bonus)를 주는 것이다. 이는 상대를 프로페셔널로 인정한다는 의미이고, 그만큼 실적을 만들어내라는 요구이기도 하다. 재택근무를 중심으로 운영한다고 생각하면 급여를 개인별로 달리 지급하거나, 조직의 평균과 괴리가 생긴다 해도 크게 문제 될 것이 없다. 대부분의 회사에서 급여는 인사비밀 취급을 하는 데다, 재택근무를 하게 되면 인력 간에 연봉 이야기를 나누는 경우는 사무실에 출근해서 이런 이야기를 나눌 확률보다 훨씬 낮기 때문이다.

그런데 이런 경우 어려운 것은 연봉 산정이다. 많은 중소·중견 기업들은 회사 내부의 인력들이 각 직급별로 받는 평균치 정도를 경력사원 연봉의 기준치로 생각한다. 직무에 따라서 같은 연차라 해도 다른 연봉을 적용하는 미국식의 직무급제가 우리나라에서는 흔하지 않고, 연봉이 낮다고 입사하지 않는 지원자가 있어도 회사 측에서는 아쉽게 생각하지 않았기 때문이다. 하지만 이 논의의 전제는 조직을 온라인에 맞게 탈바꿈시키거나 혹은 조직 전체의 문화를 바꾸기 위해서 재택근무를 도입하고, 이를 실행하거나 이에 필요한 현실적인 도움을 줄 수 있는 직원을 채용한다는 데 있다. 그러므로 이들의 대우는 기존의 방식과는 파격적으로 달라야 할 필요가 있는 것이다. 그렇다고 해서 지나치게 많이 줄 이유는 없다.

💬 외부 시장 기준으로 인력을 채용해라

연봉을 산정할 때 일반적으로 사용하는 첫 번째 기준은 잡 마켓에서 경쟁사들이 유사한 인력에게 지급하는 연봉이다. 여기서 중요한 점은 예전처럼 직원을 뽑을 때는 회사의 내적 기준이 판단에 가장 중요하지만, 시장이 온라인화와 언택트 소비로 변화하면서 어떤 업종에서든 이 변화를 이용해 회사의 실적을 만들어낼 수 있는 인력이 중요해진다는 것이다. 따라서 회사의 기준이 아닌 '외부 시장의 기준'을 인력 채용에 적용한다는 점이다. 동일한 역량을 가진 인력이라 해도 사업 분야가 다른 회사들까지 고려하기에는 많은 무리가 있다. 즉 제조업에서 온라인 마케팅 인력을 뽑을 때, 금융이니 게임 업종에서 온라인 마케터에게 주는 임금을 고려할 필요는 없다는 뜻이다. 내가 필요한 사람을 내 돈 주고 뽑는 건데 이렇게까지 해야 하느냐고 생각하는 경영 진도 많겠지만, 이 관점만을 유지하겠다면 굳이 온라인화에 대처할 필요도 없고, 재택근무 같은 것을 고려할 필요도 없으며, 경력직 급여도 이처럼 복잡하게 하지 않아도 된다. 실제로 코로나19가 극심했던 2020년 2~3월에도 50%의 기업은 사무실 출근을 유지했다. 이러한 고민은 어디까지나 시장의 변화를 선도하고 새로운 혁신을 가져와서 시장을 장악하겠다는 비전과 의지를 가진 기업에 필요한 질문들일 뿐, 모든 기업이 이런 꿈을 꿔야 하는 것은 아니다.

두 번째 기준은 대체 인력을 확보했을 때의 비용이다. 한 예로, 동원F&B가 동원몰을 만든 것처럼, 제조업체가 기존의 오프라인 유통망을 넘어서는 온라인 플랫폼을 만들겠다고 생각한다고 하자. 그러면 기획부터 개발, 유지 보수 등 기술 영역은 전부 외주를 주고, 마케팅 등 몇 가지 핵심적인 요소만 내부 자원으로 운영할 수 있다. 또는 관련 기술 인력을 전부 채용한 뒤에 내재화할 수도 있다. 이 두 옵션은 서로에 대해 생각해볼 수 있는 지불 비용의 상한선 정도가 될 것이다. 즉 인력을 채용하는 경우라면 외주 대비 얼마 정도가 적절한지, 반대로 외주를 준다면 차라리 인력을 채용하는 것보다 얼마나 비싼지 같은 점들이다.

세 번째 기준은 그 인력이 들어가서 일할 사업이 창출할 인당 부가가치에 대한 계산이다. 이 점은 특히 온라인화나 디지털화, 언택트 비즈니스 쪽에 경험이 없는 업체에는 매우 중요한 계산이다. 기존 비즈니스에 필요한 인력들에 대해서는 어느 정도 연봉에 대한 감도 있고, 업력이 쌓이면서 주변의 유사한 업종에 대한 연봉 정보 등도 어렵지 않게 알 수 있다. 하지만 낯선 분야에 진입할 때는 조심스럽다. 투자에 앞서 재무적인 실적 추정(financial projection)을 먼저 해보기 마련이고, 그러면 인건비 투입의 여력이 어느 정도 되는지 짐작해볼 수 있다. 기존 인력 같으면 회사 기준에 맞춰 산정하겠지만, 정말 괜찮은 인력을 뽑고 싶다면 인건비의 상한을 높일 필요가 있고, 그 상한선이 이 재무 추정 인건비 항목의 여력이 된다. 이러한 방식의 연봉 산정은 중견 기업 이하 기업들에는 낯선 방식인데, 최근 들어서는 대기업이나 핫한 스타트업들에서 아주 많이 채택하고 있다. 회사 내의 연차별 연봉 테이블의 의미가 퇴색하고, 직무별, 프로젝트별, 제품·서비스 종류별로 아예 다른 연봉을 운영하는 경우가 늘고 있기 때문이다.

마지막 네 번째 기준은 재택근무 등 유연근무제를 통해 이러한 연봉을 낮출 협상 여지가 있는가이다. 재택근무는 장점이 많은 제도이고, 특히 직원들의 직무 및 조직 만족도를 높이는 데 분명한 효과가 있다. 무엇보다 자기만의 물리적·시간적·심리적 공간을 제공하고, 그 공간에서 자기 스스로 의사 결정을 할 수 있게 해준다. 일에 대한 만족감의 큰 전제가 업무에 대한 자기 결정권이라는 점을 생각해보면 재택근무의 긍정적인 효과를 인지할 수 있다. 그리고 이런 제도를 선제적으로 받아들여 좀 더 좋은 인재를 채용하는 도구처럼 사용할 수 있다. 요즘 젊은 세대가 얼마나 워라밸에 민감한지를 고려해볼 때도 그렇고, 코로나로 인한 직원들의 사무실 근무에 대한 불안, 어린아이가 있는 부부의 육아 스트레스 등을 고려할 때도 재택근무는 매력적인 근무 조건이 될 수 있다. 뛰어난 경력을 가지고 있다가 결혼과 출산을 이유로 커리어가 끊어진 경력 단절 여성 등도 재택근무 조건이 달린다면 이전 회사보다 급여가 적은 회사라 해도 충분히 고려할 수 있는 이유가 된다. 재택근무라는 조건이 좀 더 좋은 인력을 좀 더 낮은 연봉에 고용할 기회를 만들어주는 것이다. 물론 재택근무에 전혀 관심 없어 하는 사람도 있겠지만, 일단 채용

가능한 인력 풀이 늘어난다는 점은 좋은 일이다. 지금 뽑으려는 사람과 연봉 협상 때문에 입사가 틀어진다 해도 대안이 있는 셈이기 때문이다.

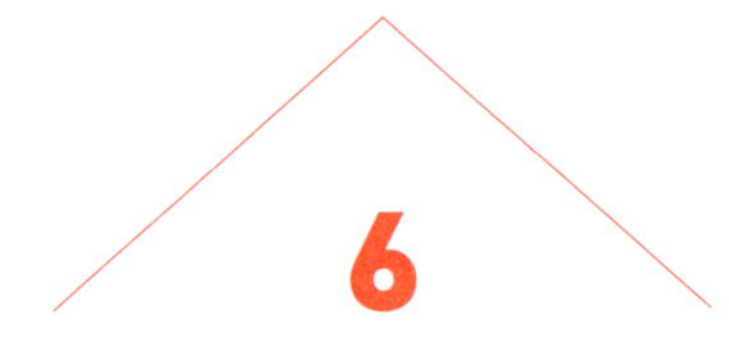

재택근무에 적합한 조직을 위해 지원을 아끼지 마라!

💬 인재 확보를 위한 조직의 변화 필요

경력직을 뽑은 뒤 별다른 집체 교육이나 장시간의 OJT 없이 바로 실무에 투입하고, 재택근무 형태로 일을 맡겼을 때 경영진은 이들에게 회사의 경영 원칙이나 비전, 조직 문화 등을 어떻게 전달해야 할까?

프리랜서 계약이라면 전혀 필요 없는 고민이다. 하지만 조직의 장기적 발전이나 최소한의 안정감 그리고 매뉴얼만으로는 커버할 수 없는 조직 내의 경쟁 요소들을 새로 입사하는 사람들에게 내재화시킬 수 있어야 회사 조직이 유지되고 발전한다는 점을 생각하면 꽤 머리 아픈 고민이 될 수 있다.

그런데 이 문제를 접근할 때 우리가 착각하는 부분이 있는지 확인할 필요가 있다. 예를 들어 삼성은 불과 10여 년 전까지만 해도 그룹사 전체에서 수백 명의 신입사원들을 최대 2개월 정도 업무에서 제외시켰다. 그러고는 각 회사별로 일종의 매스 게임을 하고 이를 경쟁하는 방식의 신입사원 연수 프로그램을 운영했었다. 회사별로 수십 명의 신입사원을 업무에서 빼고, 2개월 내내 삼성의 경영 방침이나 비전, 이건희 회장의 메시지 같은 것을 대규모의 매스 게임으로 표현하는 행사를 운영했던 것이다. 직원들의 조직력을 강화하는 역할을 수행했던 것이겠지만, 현재 그 영상을 찾아보면 북한의 매스 게임을 보는 것처럼 실소가 나올 수도 있다. 무엇보다 글로벌 기업인 삼성이 불과 10여 년 전까지도 조직의 비전이나 문화, 경영의 방향 같은 것을 그처럼 강제적이고 집단적인 방식으로 사람들에게 주입하려 했다는 사실이 어이가 없기 때문이다.

성숙하지 않은 사람은 자기는 잘 지키지도 않으면서 타인에게는 자기의 생각을 강제하고 이를 지키도복 상요한다. 반대로 성숙한 사람은 말과 행동에서 그 자신이 믿는 바와 가치관이 자연스럽게 녹아난다. 누군가를 잠깐만 지켜보고 대화를 나눠보면 그 사람이 어떤 생각을 가지고 있으며, 그 생각을 지키기 위해 얼마나 노력해왔는지 알 수 있다.

마찬가지로 조직이 성숙하지 않을 때는 조직의 문화나 비전, 지향점 등을 강제로 외우게 하고 직원들에게 체화하라고 강요한다. 하지만 조직이 성숙하면 말과 글로 강제하는 것이 아니라 경영진과 중간관리자들이 평소에 보여주는 표현과 태도, 그들이 일과 직원 그리고 고객을 대하는 모습 하나하나에 녹아 들어 있게 된다. 적 앞에서 물러서지 않는다고 표어로 적어놓고 외우게 하는 군대와 실제 적들 앞에서 뛰어 달려가는 장교와 하사관을 가진 군대 중에 어느 군대가 더 강할지는 너무도 자명한 것이다. 지원자 서류를 검토하고, 면접을 하고, 직원이 사무실에 온 첫날, 회사와 업무에 대해 소개하는 그 말과 태도에서 회사의 지향점이 명확하게 보이는 상사와 경영진이라면 굳이 길고 복잡하게 조직 문화를 설명할 필요는 없을 것이다.

물론 이렇게 대표부터 중간관리자까지 전부 완벽하게 연결되어 있는 조직은 아주 소규모의 스타트업이 아니라면 현실적으로는 드물고, 그래도 괜찮은 기업들은 지원자가 면접을 보는 과정에서 조직 문화를 최대한 이해할 수 있도록 노력하는 경우가 많다. 대표적인 방법이 상사 한두 명만 면접을 보는 것이 아니라 그 직원이 일하게 될 부서원 전체가 2~3일에 걸쳐 보기도 하고, 심지어는 한두 달 정도 실제 프로젝트에 참여하게 한 뒤에 입사 여부를 판단하는 경우도 있다. 공채가 아닌 부서별 채용에, 경력직을 뽑기 때문에 가능한 방식이다. 이렇게 근무하는 동안에도 당연히 급여를 지급한다. 연봉 협상을 마친 뒤의 급여가 아니라 더 큰 금액을 지급하는데, 이는 앞서 말한 관찰 기간(probationary period) 운영과 같은 아이디어다. 대기업들이 공채 대신 경력사원 수시 채용 형태로 바뀌는 것도 결국 시대의 흐름이나 시장의 요구 그리고 채용 시장에서의 경쟁자들의 움직임에 대응하는 최선의 방법이 될 것이다. 중견·중소기업 경영진 중에서는 이런 설명을 읽으면서 '우리가 미국도 아니고 스타트업도 아닌데'라고 할 수 있겠지만, 원래 시장 변화는 스타트업들이 가장 먼저 보여준다. 대기업들이 이를 받아들여 변화하고 나서 중견·중소기업들은 이런 흐름에 끌려가는 것이 일반적이다. 하지만 가끔 중견·중소기업 중에서 이런 변화를 민지 알아차리고 뛰어들어 오히려 변화를 선도해가는 기업이 나타나고, 그 기업은 시장에서 새로운 강자로 성장하게 된다. 기업의 혁신적 운영은 그 자체로는 매출원이 아니지만, 이를 통해 고객의 인지도를 높이고, 브랜드 파워를 더 강화하고, 좀 더 유능한 인력들을 끌어들이는 효과를 얻을 수 있기 때문이다.

시장 변화에 따른 조직 변화 필요

실제로 최근 가장 취업하고 싶어 하는 회사를 설문조사한 결과, 최상위권에 있는 회사들은 전통적인 대기업들도 금융권도 아닌 카카오나 네이버, 배달의민족 같은 곳이었다. 잘나가는 IT 기업이나 유명한 스타트업이 최상층에 있고, 그다음이 삼성전자나 현대자동차 등의 초대형 대기업이며, 그 뒤가 금융권 순이다. 어느덧 재계 순위에서 5위 이하의 대기업들은 젊은이들이 취업하고 싶어 하는 회사에도 오르지 못하게 되었다. 유니콘 스타트업이 늘어나고, 온라인화가 더 강하게 진행될수록 대부분의 기존 대기업은 최상위권 인재를 더 이상 확보할 수 없게 된다는 뜻이고, 중견·중소기업들은 더더욱 후순위로 밀린다는 뜻이 된다. 그렇다고 영업이익이 뻔한데 연봉을 최상위 기업들만큼 올려줄 수는 없으니 뭔가 다른 방법을 찾아야 한다. 연봉도 못 올리겠고, 그렇다고 재택근무의 전면적 도입 등 일하는 방법의 급격한 변화도 싫다면 인재들을 확보하는 것은 포기한다는 뜻인데, 인재 확보 없이 이 급격한 시장 변화의 시대를 버텨낼 수 있다고 믿는 경영진은 아마 없을 것이다.

지금까지 직원이 새로 들어오면 보통은 하루 이틀 정도 회사에 대한 설명을 해주고, 이후 부서로 이동해 OJT를 한 뒤에 사수나 직속 상사 등과 일을 협의하면서 조직에 적응하도록 하는 게 일반적이었다. 대기업의 경우엔 이와 같은 체계가 촘촘히 갖춰진 형태가 많지만, 기업 규모가 작을수록 이러한 적응 체계 없이 그냥 곧바로 과제를 주고 일을 시작하게 한다. 실제 스타트업의 경우엔 이런 적응 문제가 심각해서 입사 후 불과 몇 달도 되지 않아 인력이 퇴사하는 일이 흔하다. 조직에 안착하도록 돕는 방식은 기업 규모에 따라 판이한데, 특히 재택근무를 본격적으로 채택하는 경우라면 더욱더 여러 가지 방안을 생각해볼 수 있을 것 같다. 다음의 몇 가지 사례를 생각해보자.

인적 네트워크 확보를 위한 조언자 풀(pool)을 만들어라

재택근무를 적극 활용하거나, 업무 중심의 조직 문화가 갖춰진 회사들은 불필요한 대인 관계 접촉을 오히려 줄이려 한다. 예전에는 무조건 같이 오래 있는 것이 조직 문화 향상에 도움이 된다고 믿어 야근에 회식에 주말 근무며 주말 등산까지, 1년 365일 직원들끼리 붙어 있는 문화를 선호했다. 하지만 이런 구시대적 기업 문화는 코로나와 온라인이 지배하는 지금과는 맞지 않다. 실제로 여러 연구 조사를 보면 조직 내에서 무작정 대인 접촉을 늘리는 것은 생산성에 오히려 부정적이고, 개인 시간을 인정하되 집단 간 교류는 짧고 집중력 있게 하는 것이 더 효과적이라고 한다. 하지만 그보다는 꼭 필요한 정보와 조언은 반드시 제공해주고, 일의 방향과 목표 등 맥락도 정확하게 이야기하되, 실제 업무 수행 방법은 개인이 선택하는 형태의 소위 말하는 '쿨'한 관계가 더 맞다는 의미다. 그렇게 보면 재택근무는 여기에 딱 맞는 시스템이다. 이메일과 슬랙, 줌으로 업무 목표와 방향이 공유되면 그다음엔 직원이 낮잠을 자든 반려견과 놀든 아니면 업무하느라 모니터에 얼굴을 붙이고 있든 관여하지 않고 그 결과만으로 판단한다.

이런 상황에서 새로운 직원이 들어왔을 때 가장 중요한 것이 바로 사내에 인적 네트워크를 만들어주는 것이다. 새로운 직원은 회사의 문화, 일하는 법 등에 대한 이해가 부족하므로 고립감을 느끼기 쉽다. 그리고 직속 상사와 의외로 호흡이 맞지 않아서 힘겨워할 수도 있다. 기본적인 네트워크는 당연히 보고 라인이나 결재 라인이 되는 직속 상사와 그 바로 위 상사와의 관계를 만드는 것이다. 그다음엔 유사한 랭크에 있는 사람들 간의 네트워크, 즉 또래 집단(대리 모임, 과장 모임 등)을 만들어줘야 한다. 여기까지는 예전에도 많이 해왔던 방식이다. 재택근무 시대에 더 필요한 부분들은 직급, 부서 등에서 직접 엮이지 않으면서도 인사팀이 아닌 다른 부서의 상사를 연결해주는 것이다. 당사자가 조직과 업무 적응에 별다른 문제가 없다면 조직의 보고 라인 밖에 있는 상사의 이야기를 통해 자기가 속한 부서 밖의 사정도 알 수 있고, 여러 상사를 비교해보면서 '이 회사를 오래 다니면 저런 사람처럼 성장하겠구나' 같은 이미지도 줄 수 있다. 만약 조직 적응에 문제가 있거나 직속 상사와 갈등이 생긴다면 인사팀에 가기 전에 조언을 얻을 수도 있다. 물론 우리나라의 군대식 문화, 즉 상사가 부하 직원 하나하나에 대해 강하게 통제하려 하고, 부서의 일이 밖으로 새어나가는 것을 극단적으로 싫어하는 문화에서는 조금 어려울 수도 있다. 그렇지만 퇴사하는 직원의 상당수가 상사와의 갈등 때문이라는 점을 생각하면 직속 상사나 인사팀 이외에 이야기를 나눌 수 있는 중간관리자가 있다는 것이 직원들의 안정감에 큰 도움이 된다. 더불어 경영진은 직원들이 언제든 익명이나 기명으로 메일을 보내고 질문이나 도움 요청을 할 수 있도록 하는 'online open door policy'를 운영하는 것도 중요하다. 이런 것들이 얼마나 도움이 될지 명확하지 않을 수도 있지만, 새로 들어온 직원이나 재택근무로 고립감을 느끼는 직원들에게는 공식 채널 외에 다른 커뮤니케이션 채널의 존재 자체가 큰 의미가 있다.

소규모 프로젝트를 운영해 조직 적응을 도와라

규모가 큰 기업들은 경력사원이 들어오면 일종의 TF를 만들어 이를 통해 회사 전체를 배우게 하고, 회사가 당면하고 있는 여러 문제점들을 고민하게 만들어 소속감을 키우도록 한다. 또 회사는 외부의 시각으로 문제를 바라보는 기회를 갖는 경우도 꽤 있다.

인력을 한두 명 정도 충원하는 경우에는 해당하지 않지만, 사업에 변화를 주려 하거나 신규 시장 진출을 준비할 때는 경력사원 여러 명을 짧은 간격을 두고 입사시키는 경우도 생긴다. 이럴 때 조직에 자리 잡을 수 있도록 돕는 방법 중 하나가 일종의 다기능팀(CFT, Cross Functional Team)'을 만든 다음, 이 인력들을 투입해 2주에서 한 달 정도 하나의 주제를 가지고 솔루션을 도출하도록 하는 기회를 주는 것이다. 이 CFT는 그 자체로 외부인의 시각에서 회사 문제에 대한 솔루션을 만들 수도 있고, 무엇보다 경력사원들이 입사하여 자기 업무에 본격적으로 몰입하기 전에 회사 전반의 사람들을 만나고, 이야기 듣는 과정을 갖게 함으로써 적응하고 자기가 어떤 식으로 일을 하면 좋을지에 대한 감을 갖게 해준다. 또 이 과정을 통해 고위 경영진들과 인사를 나누고, 조직 문화에 대해서도 단기간에 학습할 수 있는 계기가 된다. 단기간에 여러 부서에 걸친 업무를 하는 과정에서 자기 부서와 같은 가치사슬(value chain)에 놓인 부서들의 특성을 파악할 수 있으므로, 입사하자마자 자기 일에만 몰두하게 하는 것보다 사람들의 소속감을 높여주는 기능을 한다. 더불어 경영자 입장에선 새로 들어온 경력사원들의 업무적 특성을 빠르게 파악할 수 있다는 장점도 존재한다. 뽑은 인력이 최대 한 달 정도는 업무에 투입되기는 불가능하기 때문에 불만을 갖는 부서장도 있겠지만, 대신 인력들에 대한 OJT나 회사 내에서의 부서별 역할 등에 대한 설명 없이 바로 일을 할 수 있기 때문에 충분히 수용할 만한 시스템이기도 하다.

7

재택근무를 위한 업무 배분과 조직 관리 기준을 제시해라!

회사 생활을 하다 보면 분명히 문제가 있는데, 정확히 어떤 문제인지 그리고 답이 무엇인지 명확하지 않을 때가 있다. 오랜 경험이 있는 경영진이라 해도 마찬가지다. 일반 직원들보다 더 크고 더 복잡한 문제를 생각해야 하기 때문이다. 사무실에서 근무할 때라면 문제가 생겼을 때 직원들을 모아서 회의를 열 수도 있고, 아이디어가 많은 팀장이나 중간관리자와 이런저런 이야기를 나누다 보면 생각이 정리되면서 갑자기 답이 떠오를 때도 있다. 다소 즉흥적이지만 유연하고 창의적인 과정은 앞서 언급했던 집단 창의성과 함께 사무실 근무가 지닌 매력이다. 사람의 머릿속이 항상 깔끔하게 정리되어 있을 수만은 없고, 아이디어는 때론 주제와 상관없는 잡담을 주고받다가 떠오르기 마련이다.

하지만 재택근무를 하게 되면 이런 커뮤니케이션은 지양해야 한다. 메신저나 전화 또는 온라인 영상 통화 같은 도구들은 높은 집중력을 요구한다. 왜냐하면 대면 접촉에서는 우리가 의식하지 않아도 그 사람의 태도나 말투, 시선 처리, 행동 등 다양한 비언어적인 정보를 파악할 수 있지만, 온라인은 모든 것이 우리의 의식적 노력을 통해서만 얻어지기 때문이다. 다른 감각이 차단된 상태에서 시각과 청각에만 의존하므로 여기서 발생하는 문제는 온라인 커뮤니케이션의 근본적 한계라고 할 수 있다. 이런 상황에서 제대로 정돈되지 않은 질문이나 말을 직원들에게 하면 상대방도 제대로 해줄 수 있는 것이 없고, 오히려 말한 경영진이나 듣는 직원 모두 혼란스러울 수 있다.

💬 온라인 커뮤니케이션, 명확한 메시지만 전달해라

재택근무를 효과적으로 운영하려면 경영진이 온라인에서 전달하는 말들은 최대한 정리되고, 구조화되어 있으며, 원하는 바가 명확해야 한다. 업무 할당을 위한 지시나, 새로운 업무를 시작하려는 커뮤니케이션일 때는 상사의 머릿속에서 완전히 정리 작업이 종료된 이후여야 한다. 관련 사안에 대해 MECE(Mutually Exclusive, Completely Exhaustive, 관련된 사안에 대한 구성 요소를 논리적으로 명확하게 나누어놓은 상태)하게 생각해놓고, 앞뒤의 맥락을 충분히 파악한 뒤에 부하 직원들에게 지시해야 한다. 당연히 데드라인과 기대하는 결과물의 형태에 대해서도 명확히 전달해야 한다. 경영진이 이렇게 전달하는 것이 어렵다면 재택근무는 선택하기 어려운 옵션이다. 온라인으로 이야기를 들은 직원이 답답해서 그냥 "사무실 갈 테니 이야기해주시면 좋겠습니다"라고 대답할 가능성이 커지므로 재택근무의 의미가 아예 없어져버린다. 이건 업종이 무엇이건, 담당하는 직무가 무엇이건 바뀌지 않는 철칙 같은 것이다. 그러므로 경영진은 머릿속에 문제가 정리되어 있는 상태에서 커뮤니케이션을 해야만 한다.

그렇다면 도무지 정리되지 않는 문제나 답답해서 이야기를 나누고 싶은 상대가 필요할 때는 어떻게 해야 할까? 사실 기존의 사무실에서 근무할 때도 경영진은 이 문제에 부딪혀왔다.

직원과 허심탄회하게 이야기를 나누는 것은 사무실이나 온라인이나 어렵기는 마찬가지고, 사무실에서 직원들을 모아봐도 대부분 나 혼자의 하소연이 되거나 일장 연설로 마무리된다. 경영진의 고민을 해결할 수 있는 방식은 어차피 회사 밖일 가능성이 높다. 사무실이건 재택근무이건 말이다. 이 문제가 재택근무의 선택 기준이 될 수는 없다. 작은 스타트업 기업이라면 창업 멤버가 이런 역할을 해줄 것이고, 중견 기업 정도 되면 성장 과정에서 알게 된 경영 컨설턴트나 선배 창업자, 산업 내에서 존경할 만한 어른 등이 이런 역할을 해줄 것이다. 그러나 재택근무는 경영진의 속 깊은 고민을 해결할 수 없는 구조다. 하지만 그건 사무실 근무도 마찬가지이기 때문에 이 문제는 다른 대안을 찾아야 하고, 재택근무 시 직원들과의 커뮤니케이션에서 가장 중요한 머릿속을 충분히 정돈해서 메시지를 전달해야 함을 잊지 말아야 한다.

💬 재택근무 시 조직 관리를 위한 5가지 요소

적은 수의 직원으로 재택근무를 하는 경우라면, 그냥 영상 회의 시스템으로 얼굴이 비치면 출근, 컴퓨터가 꺼지면 퇴근임을 금세 파악할 수 있다. 그러나 직원 수가 많다면, 이런 식으로 출퇴근을 관리할 수 없다. 재택근무의 의미는 '회사가 직원을 믿는다'는 메시지를 주는 것이다. 왜냐하면 눈으로 일하는 것을 확인할 수 없기 때문이다. 직원을 믿는다는 의미로 도입한 제도이기 때문에 직원들이 실제 경험하는 재택근무 시스템에서 이와 상충되는 시스템이 제공될 경우 직원들에게 혼란을 가져오거나 '좋다 말았네' 또는 '우리 회사가 하는 일이 그렇지 뭐'와 같은 태도를 불러올 수 있다.

재택근무는 아무래도 순발력이 떨어지는 시스템이다. 아무리 집을 사무실처럼 꾸며놓고, 일상의 공간과 근무 공간을 분리한다 해도 물리적으로 사무실 공간이 아니기 때문에 사무실에서처럼 퇴근 직전에 아이디어가 떠올랐거나 할 일이 생겼다고 갑자기 야근을 시키는 것은 곤란하다. 사무실에서 얼굴 보고 있을 때는 상사가 이야기하지 않아도 회사 돌아가는 분위기상 '야근이 어쩔 수 없는 일이구나'처럼 생각할 수 있지만, 재택근무 시에는 이런 맥락은 전혀 전달되지 않고, 그냥 야근이라는 지시만 남는다. 재택근무는 고립된 시스템이기 때문에 이런 갑작스러운 상황에 대한 생각이 나와 동료가 같은 감정을 가지고 있는지 확인할 방법이 마땅치 않다. 사무실에서는 동료가 무슨 상황인지, 어떤 지시를 받았는지 알 수 있기 때문에 카톡으로나마 대화를 나눌 수 있지만 고립된 상황에서는 생각보다 만만치 않은 일이다.

이런 점들을 고려할 때 재택근무의 일정 관리 또는 근태 관리에서 핵심이 되는 시스템 기반 출퇴근 기록, 예측 가능성, 직원들 간의 인터페이스, 프라이버시 존중 그리고 재택근무의 운영 원칙 등 다섯 가지 요소가 중요한 사안이 된다.

시스템 기반의 출퇴근 기록

출퇴근 기록은 팀장이나 중간관리자 대신 시스템이 하는 것을 권한다. 사람이란 참 재미있는 존재여서 컴퓨터 등의 시스템이 나에게 강요하면 가벼운 짜증은 날 수 있지만, 분노로 이어지는 경우는 흔치 않다. 즉 출근 시간에 맞춰 시스템에서 문자를 보내면 출근 로그인을 해야 해서 귀찮기는 하지만 그것 때문에 욱하는 감정은 생기지 않는다. 하지만 팀장이나 중간관리자가 출근 시간에 컴퓨터 앞에 앉은 모습을 찍어서 올리게 하거나 웹캠으로 '출근했습니다'를 외치게 하는 등의 행동을 강요하면 그 '사람'에 대한 분노를 일으키게 된다. 사람은 시스템을 욕하기보다 사람에 대해 욕하는 것이 훨씬 익숙한 존재이기 때문일 것이다. 팀장이나 중간관리자와 직원들 사이에 그야말로 불필요한 갈등을 만들 이유가 없다. 시스템이 냉정하게 처리하면 되고, 그걸 지키지 못한 직원에게는 회사 근태 규정에 맞춰 징계하면 된다. 대규모 조직 관리 시스템이 없다 해도 근태 관리 시스템 정도는 온라인에서 흔히 구할 수 있고 월 사용료도 저렴하다.

일과의 예측 가능성

말 그대로 직원들에게 일정 관리에 대한 예측 가능성을 주는 것이다. 이 말은 직원들이 접속하고 싶을 때 접속하고 끝내고 싶을 때 끝내는 자유방임을 말하는 것이 아니다. 만약 오전 9시부터 오후 6시까지 재택근무를 하기로 했다면 사무실에서처럼 5분 전까지는 시스템을 준비해서 9시 전에 출근 기록을 남기고, 12시부터 1시까지는 점심시간으로 업무 연락을 최소화하고, 다시 오후 1시부터 6시까지는 바쁘게 일하지만, 5시 30분에 갑자기 상사가 업무를 보내 야근 폭탄을 떨구지는 않으리라는 걸 알게 하라는 의미다. 재택근무는 기본적으로 고립감이 있는 근무 시스템이고, 업무를 지시하는 경영진의 앞뒤 맥락을 직원이 파악하는 데 한계가 많다. 한두 번은 급한 일이 생겼다고 생각할 수 있지만, 반복적인 야근이나 사전에 논의된 적 없는 과제가 떨어지면 직원 입장에서 스트레스가 올라가고 상사와 불필요한 갈등을 겪을 위험이 많다. 우선 경영진부터 중간관리자와 직원들 사이에 공유된 스케줄에 대해서는 최대한 존중하겠다는 생각을 가져야 한다. 업무라는 게 예상대로 굴러가는 것이 없고, 경영진이 이렇게 생각한다 해도 별안간 예측하지 못한 문제가 생기거나 대표이사가 갑작스러운 문제에 부딪혀 도움을 요청할 수도 있다. 이런 경우에도 과제를 주면 안 된다는 얘기가 아니다. 예측 가능성은 사전 공유된 스케줄의 존중이라는 뜻이지만, 동시에 급한 사정에 대해 중간관리자나 직원 모두 충분한 설명을 들을 권리가 있다는 걸 인지하라는 뜻이기도 하다. 사무실에서처럼 '이거 해와'라는 강압적 지시가 아니라 '이런저런 문제가 생겼으니 이 일을 해주었으면 하네'라는 충분한 설명이 있어야 한다는 것이다. 만약 '월급 받는 입장에서 시키면 하는 거지 뭘 그렇게까지 따지나'라고 생각하는 경영진이라면 절대로 재택근무는 도입해서는 안 된다. 직원 입장에서 조직에 가장 화가 나는 상황이 '존중받지 못했다'는 느낌을 받는 것이다. 갑작스러운 스케줄 변경, 특히 예측할 수 없었던 야근 요구에 아무 설명도 없다면 직원들에게 회사를 믿지 말라고 하는 것이나 마찬가지다.

• 직원들 간의 인터페이스

평소 사무실에서는 직원들 간에 잡담도 많이 하고, 탕비실에서 커피를 마시거나 담배를 피우러 나가서 이야기를 나눈다. 이는 시간 낭비가 많긴 하지만 정서적인 공감대가 생기는 과정이고, 회사의 변화나 상사의 감정 상태 등 업무에 필요한 여러 부수적인 정보들이 공유되는 과정이다. 하지만 재택근무에서는 이런 식의 편안한 공유는 기대하기 어렵다. 물론 아주 익숙한 사람들끼리만 일하고, 큰 변화가 없는 정적인 조직이라면 재택근무를 하더라도 서로 열심히 카톡이나 영상 통화를 이용하면 된다. 그렇지만 민간 기업은 변화의 연속이고, 직원 간에도 친소가 많이 나뉘고, 특히 재택근무를 짧게 하는 것이 아니라 장기적인 근무 형태가 된다면 직원들

간의 심리적 거리감은 문제가 될 수 있다. 따라서 경영진이 재택근무를 설계할 때는 이런 점을 고려할 필요가 있다.

가장 쉬운 방법은 오후 시간에 20~30분 정도의 휴식 시간을 추가해주는 것이다. 가령 오후 3시부터 3시 30분까지는 커피 브레이크를 준다. 근무 시간을 30분씩 날리면 말이 되나 싶겠지만 차라리 이런 시간을 조금 인정하고 나머지 시간에 최대의 실적을 요구하는 게 더 낫다. 집중력이라는 측면에서도 그렇고, '우리 회사는 쥐어짜기도 많이 쥐어짜지만 동시에 충분히 직원도 배려한다'는 느낌도 줄 수 있다. 그리고 결정적으로 이런 휴식 시간을 제공하면 그 외의 시간에 대해 좀 더 타이트한 '감시'를 요구해도 직원들과의 큰 갈등을 없앨 수 있다. 웹캠에서 5분 이상 안 보이면 안 된다거나, 10분 이상 컴퓨터에 입력이 없으면 휴식 시간으로 봐서 근무 시간이 늦춰진다는 식의 조건들 말이다. 휴식 시간을 공식화하면 직원들 간에 필요한 여러 가지 정보 교환부터 개인적인 이야기들까지 서로 주고받느라 업무에 집중하지 못하는 것도 최소화할 수 있다. 또 재택근무를 하면서 어쩔 수 없는 가족의 방해나 반려동물을 챙기는 것 등도 원활하게 해결할 수 있다. 직원들에게 규정보다 약간 더 좋은 조건을 주고, 업무 집중은 정확히 요구하는 것이 재택근무 시간 관리에서 매우 중요한 포인트다. 이는 개인으로서의 직원을 존중하면서도 명확한 결과를 요구할 수 있다.

: 직원 프라이버시

경영진이나 팀장, 중간관리자 모두 조심해야 하는 것이 직원들의 프라이버시에 대한 존중이다. 컴퓨터 화면 너머로 직원들의 사생활 공간이 보이는 것이 재택근무이기 때문에 이 부분에 대해 중간관리자 이상의 사람들이 언급하지 않는 자세가 기본이다. 상용화된 영상 통화나 회의 시스템 중에는 사람만 나타나고 배경은 나타나지 않는 서비스도 많지만, 화면이 조금 이상하게 보여서 이를 없애달라고 요청하는 관리자들도 많다. 하지만 이건 불편하더라도 관리자가 견뎌야 할 문제다. 우리나라의 경우는 아니지만, 재택근무를 주 근무 형태로 결정하는 해외에서는 그만큼 사무실 공간을 줄이고, 여기서 절약된 돈을 직원들에게 일부 제공하여 집의 컴퓨터 작업 공간 배경을 업무에 적합하게 바꾸도록 하는 경우도 있다. 굳이 이렇게까지 할 필요는 없지만, 직원들의 프라이버시가 노출되는 일 자체는 생길 수밖에 없기 때문에 경영진이 이에 대해 각별히 주의를 기울여야 한다. 사무실이라면 생기지 않았을 불필요한 갈등의 소지를 최대한 줄이는 것이 필요하다.

근무 시간 운영 원칙 공유

재택근무 역시 근무이기 때문에 직원들이 개인적인 일정 등의 이유로 근무 시간을 마음대로 바꾸는 것을 허용할지에 대한 원칙도 정립되어야 한다. 스타트업의 경우 휴가지에 가서 일을 하더라도 약속된 시간에 약속된 결과만 나오면 전혀 개의치 않는 경우도 있지만, 규모가 조금 있는 회사라면 이런 식으로 운영할 경우 근태 관리나 근무 시간의 문제, 직원 간 형평성 논란 등이 생길 수밖에 없다. 직원들을 믿고 결과물 중심으로만 운영하겠다면 사실 근태 관리 역시 할 필요가 없다. 반대로 아주 엄격하게 해석해서 근무 장소만 집일 뿐 출근과 완전히 똑같다고 할 수도 있다. 중요한 것은 경영진은 여기에 대해 분명한 원칙을 세우고, 그 원칙을 일단 공표했으면 일정 기간은 반드시 지켜야 한다는 것이다. 자유롭게 근무하고 결과만 보겠다고 하면 근태가 아니라 결과물의 커뮤니케이션만 신경 써야 하고, 결과가 나

쁘다면 그에 합당한 인사 평가 또는 징계가 이루어져야 한다. 그리고 그 외의 다른 문제들에 대해서는 언급하지도 말고 평가에 반영하지도 말아야 한다. 반대로 사무실을 제외하고는 기존과 모두 동일하게 운영하겠다면 이를 정확히 공표하고 직원들에게 철저히 준수하라고 요구하며, 이 역시 평가에 반영해야 한다. 말로는 편안하게 풀겠다고 하고는 출근 로그인이 1분만 늦어도 트집 잡는 것이나, 반대로 엄격하게 하겠다고 하고는 화상 회의에 지각하는 직원을 그냥 봐주고 넘어가는 것 등은 모두 재택근무를 시도할 이유 자체를 없애버리는 것이다. 코로나 때문에 강제된 재택근무라면 몰라도 기업 문화를 바꾸고 실적을 높이기 위한 재택근무라면 그 목표에 맞는 세부 관리의 원칙도 그에 맞게 설정되어야 한다.

재택근무 도입을 위한 의사 결정 체크 리스트

No.	확인 요소	Yes	No
	비전은 무엇인가?		
1	① 산업에서 큰 존재감을 가지는 기업으로 성장하고 싶은가?		
	② 투자자나 고객들에게 각인되는 기업 브랜드를 기대하는가?		
	③ 독특한 경영 철학을 가진 기업으로 기억되길 기대하는가?		
	④ 직원들의 성장과 만족을 위해 노력하는 경영자가 되고 싶은가?		
	기존의 실적이나 성장 속도에 대해 경영진이 만족하는가?		
2	① 기존의 매출이나 시장점유율 성장 속도를 더 가속화하고 싶은가?		
	② 기존 사업의 큰 변화 또는 빠른 온라인화 트렌드 대처를 기대하는가?		
	③ 제품이나 채널에서 큰 변화를 시도하고 싶은가?		
	④ 신규 사업 진출에 대한 필요성을 크게 느끼는가?		
	업종이 재택근무에 적합한가?		
3	① 오프라인에서의 집단 근무가 매출에 필수적으로 요구되지 않는 사업인가?		
	② 재택근무를 하더라도 제품 품질 관리나 고객 서비스에 큰 문제 없이 대응할 수 있는가?		
	③ 매우 긴박한 고객 대처 또는 순간순간 조직 전체의 대응 없이도 잘 운영될 수 있는 사업인가?		
	④ 직원 개개인의 창의성과 순발력이 집단적 조직력 또는 'One Voice'보다 실적에 더 중요한 사업인가?		

No.	확인 요소	Yes	No
4	**재택근무에 적합한 직군이나 직원들이 있는가?**		
	① 직원 중 상당수가 반드시 혼자만의 작업 또는 학습 시간을 요구하는 직군으로 구성되어 있는가?		
	② 선후배 직원 간 도제 방식의 훈련 또는 오랜 시간의 OJT 없이도 직무 수행이 가능한 직군으로 구성되어 있는가?		
	③ 개개인의 '경험을 통한 노하우'보다 체계적인 교육을 통해 길러진 분야별 전문성이 더 중요한 역할을 하는 직무들이 더 많은 조직인가?		
	④ 체계적인 업무 배분을 통한 명확한 분업이 집단적 협업보다 우선시되는 직무들이 더 많은 조직인가?		
5	**재택근무 운영을 위한 기본적인 인프라가 갖춰져 있는가?**		
	① 업무에 필요한 ERP, 결재 시스템 등 핵심 IT 시스템은 모두 보안이나 접근성의 문제 없이 재택근무 시 활용될 수 있는가?		
	② 직원 개개인이 사용하는 업무용 소프트웨어들의 라이선스 등은 재택근무 시 활용될 수 있는가?		
	③ 업무용으로 필요한 자료 또는 부서 공용 자료 등은 보안이나 접근성의 문제 없이 재택근무 시 활용될 수 있는가?		
	④ 영상 통화 및 업무용 메신저 등 커뮤니케이션 도구들이 내부 시스템으로 갖춰져 있거나, 외부의 유·무료 시스템 사용을 위한 매뉴얼과 교육 등이 진행되고 있는가?		
6	**회사 내의 목표 설정 및 진도 관리, 평가 체계 등이 재택근무에 맞게 설정되어 있는가?**		
	① 회사이 부서별 KPI 설정은 단순 매출 증가가 아닌 질적인 면에서 기존과 다른 접근을 요구할 만큼 공격적이고 적극적인 목표인가?		

No.	확인 요소	Yes	No
6	② 각 부서원들은 회사 전체 비전, 목표 및 부서별 KPI에 대해 명확하게 숙지하고 있는가?		
	③ 각 부서장이나 중간관리자들은 부서별 KPI에 맞춰 단순 실적 숫자 나누기가 아닌 적절한 업무 배분을 할 능력이 있는가?		
	④ 각 부서장이나 중간관리자들은 직원별 진도 관리뿐 아니라 업무 역량 및 동기 부여 수준에 대한 적절한 피드백을 제공할 능력을 가지고 있는가?		
	⑤ 기존과는 다른 유형과 역량, 태도를 가진 직원들을 선발하고 있는데 비금전적인 동기 부여 요소를 만들고 싶은가?		
7	**재택근무 운영을 위한 경영진과 중간관리자들의 준비가 되어 있는가?**		
	① 경영진이 직원들의 모습을 온라인에서만 보더라도 성과나 근무 태도에 대해 불안해하지 않는 정서적 안정감을 가지고 있는가?		
	② 경영진이 자기들의 요구나 문의에 대해 직원들이 재택근무 때문에 사무실만큼 빠르게 대응하지 못하더라도 이해할 수 있는 마음의 여유를 가지고 있는가?		
	③ 경영진이 직원들이나 중간관리자가 재택근무 과정에서 부딪히는 여러 문제들이나 소통의 어려움 등을 호소할 경우 귀 기울여 들어줄 태도를 분명히 가지고 있고, 직원들은 이를 정확히 알고 있는가?		
	④ 경영진과 중간관리자들은 직원들이 자발적으로 시도하는 다양한 문제 해결책에 대해 긍정적으로 평가하고 피드백을 해줄 태도를 가지고 있는가?		
	⑤ 중간관리자들은 직원들이 재택근무 과정에서 실무적으로 부딪히는 어려움들에 대해 기술적, 정서적으로 해결책을 제시하거나 도와줄 기술적 역량과 태도를 가지고 있는가?		
	⑥ 경영진과 중간관리자 모두 상황의 변화와 직원들의 상태에 맞춰 다양한 리더십 스타일을 쓸 수 있을 만큼 훈련이 되어 있는가?		

No.	확인 요소	Yes	No
7	⑦ 중간관리자들이 업무를 구조적으로 나누고, 적절히 우선순위를 정할 수 있는 역량이 있는가?		
	⑧ 중간관리자들이 우선순위 업무를 직원들의 역량과 상황에 맞춰 적절히 나누고 다시 종합해서 새로운 인사이트나 실적 향상 방안으로 만들 역량들이 있는가?		
8	**직원들은 재택근무를 활용할 준비가 되어 있는가?**		
	① 직원들은 업무에 대해 상급자의 구체적 지시 없이도 자기 주도적으로 일할 수 있는 역량을 가지고 있는가?		
	② 직원들은 업무에 대해 상급자의 구체적 지시 없이도 다양한 문제 해결을 시도할 수 있는 태도를 가지고 있는가?		
	③ 직원들은 상급자에게 다양한 아이디어에 대해 적극적으로 의견을 개진할 정도의 적극성과 자신감을 가지고 있는가?		
	④ 직원들은 회사 상황의 변화에 따라 재택근무가 아닌 사무실 근무로 복귀한다 해도 이에 대해 심각한 불만 제기를 하지 않을 정도로 경영진과 상급자에 대한 신뢰가 있는가?		

① 우리 기업과 조직이 재택근무를 도입하고 실행하는 목적을 명확히 한다.

② 재택근무는 단순히 HR(인적 자원 관리) 측면이 아니라 사업 경영 전반의 측면에서 바라봐야 한다.

③ 운영을 위해 산업과 사업, 조직, 직무를 고려하여 가장 합리적인 기준과 적합한 형태를 찾아야 한다.

④ 인프라와 프로세스 도입은 단지 출발점이다. 실제 도입하면서 발생하는 문제까지 함께 고민하는 적극적인 지원은 필수다.

⑤ 재택근무 도입으로 발생하는 필수 불가결한 단점들을 보완하는 작업을 병행해야 한다.

⑥ 도입하고 실행하면 초기에 많은 문제가 발생할 수밖에 없다. 중장기적인 관점에서 지속적으로 운영해야 한다.

실패 사례: IBM IBM

◆ 개요

1992년 원격근무를 도입한 IBM은 직원 38만 명 중 40%가 사무실 밖에서 일할 정도로 원격근무가 일반화된 기업이었다. 하지만 2017년 마케팅 부서를 시작으로 원격근무를 폐지했다.

◆ 원격근무 폐지 결정

애틀랜타, 오스틴, 보스턴, 롤리, 뉴욕, 샌프란시스코에서 재택근무 중인 미국 내 마케팅 직원 2,600명에 대해 지역 사무실로 복귀할지 여부를 한 달 안에 결정하라고 통보

- "미국 내 마케팅 부문 직원들은 30일 안에 샌프란시스코, 보스턴, 뉴욕, 애틀랜타, 롤리, 오스틴 등 여섯 곳에 있는 전략 사무실로 출근할 것을 결정하거나, 아니면 사표를 써야 한다."
- 이를 수용하지 못하는 직원에게는 IBM 내 다른 업무를 찾을 수 있게 90일의 유예 기간을 부여
- 직원들에게는 지역 사무실 근방으로 이주할 수 있도록 한 달 치 기본급을 지원 예정

◆ 원격근무 폐지 원인: 생산성을 높이고 매출 부진을 타파하기 위한 결정

- 2017년 1분기에 2016년 동기 대비 매출 2.3%가 감소하는 등 20분기 연속 매출 부진을 기록
- 원격근무 폐지를 통해 직원 간 협업 밀도와 업무 속도가 상승하고 시장 반응 및 변화에 신속하게 대응할 수 있을 것으로 기내

- 사무실 임대료 등 원격근무에 따른 비용 절감 효과 또한 미미한 수준으로 판단
- 사실상의 구조조정이라는 비판
- 지역 사무실이 위치한 지역은 주거비가 비싼 대도시이며, 회사에서는 한 달 치 급여만 지원
- 오랜 재택근무에 익숙해진 많은 직원들이 퇴사 고려

성공 사례 1: 인비전 

◆ 개요

인비전(InVison)은 디자인 툴을 개발하는 미국의 소프트웨어 회사로 개발한 툴은 아마존, 페이팔, 트위터 등 전 세계 2,000만 명 이상의 디자이너가 사용하고 있다. 2011년 창업 당시부터 지금까지 100% 원격근무를 유지하고 있으며, 2020년 현재 1,000여 명의 직원 모두가 원격근무 중이다.

◆ 원격근무 현황

인비전이 설립 당시부터 원격근무를 시행한 가장 큰 이유는 바로 '인재 확보'다.

- 설립 초기 뉴욕에서 개발자 채용을 시도했으나 구글이 뉴욕 사무실 오픈을 준비하는 시기와 겹쳐 인재 확보의 어려움을 겪었음
- 적합한 개발자들이 있었지만 뉴욕에서 멀리 떨어진 곳에 살고 있어, 이들을 채용하는 과정에서 자연스럽게 원격근무제를 도입
- 원격근무를 순조롭게 유지하는 데는 조직 문화 측면에서 몇 가지 원칙이 필요
  ① 처음부터 원격근무에 적합한 인재 선발
  ② 원격근무에 적합한 자기 주도성을 갖춘 인재 선발

③ 면접 단계에서 원격근무 적합성 여부를 판단하기 위한 질문

(예: '원격근무 중, 하고 싶은 것 열 가지는?', '언제 시간을 가장 낭비하는 것 같은가?')

- 공통 근무 시간 설정

① 미국 동부 시간 기준으로 오전 10시부터 오후 6시까지를 공통 근무 시간으로 설정함

② 시차가 있는 지역이나 국가에서 일하는 구성원들도 공통 근무 시간에서 최소 네 시간은 동료들과 협업해야 함

③ 원격근무에 따른 커뮤니케이션 지연을 방지하기 위함

④ 매일 45분씩 스크럼 미팅(scrum meeting) 하기

- 스크럼 미팅은 구성원들이 화상으로 자기 업무에 관해 이야기하는 미팅

- 스크럼 미팅에서는 모든 구성원이 돌아가며 발언 기회를 가짐

- 휴가나 업무로 인해 빠지는 직원을 위해 모든 미팅을 비디오로 녹화

◆ 원격근무의 영향

인비전의 원격근무 방침은 비용 절감은 물론, 수월한 인재 확보에 도움이 된다.

- 원격근무로 인해 사무실과 부동산에 드는 비용 절감
- 인건비 측면에서도 뉴욕이나 실리콘밸리 같은 대도시에 비해 낮은 임금으로 인재를 채용함
- 현재 인비전 직원들은 20개국에 흩어져 원격으로 일하고 있으며, 2012년 30명이었던 직원 수는 2020년 현재 1,000여 명까지 증가
- 구성원들의 자발적인 오프라인 모임이 생겨났으며 이를 바탕으로 전사 워크숍을 개최, 구성원들 간 교류를 장려
- 자발적으로 생긴 오프라인 모임에 필요한 모든 비용은 회사가 지원
- 2018년 2월에는 전사 차원에서 일주일간의 워크숍 개최
- 원격근무로 인한 높은 생산성을 바탕으로 기업 가치를 높일 수 있었음
- 2017년에는 기업 가치 10억 달러로 평가받으며 유니콘 기업으로 등극, 2018년 기업 가치는 19억 달러로 약 2배 상승

성공 사례 2: 델 DELL

◆ 개요

글로벌 기업으로 유명한 델은 구성원에게 원격근무와 근무 시간 자유선택제, 압축 주간 노동 일수 등 다양한 형태의 근로 형태를 제공하고 있다. 특히 원격근무는 코로나가 확산되기 10여 년 전인 2009년부터 사내에 정착시키기 위해 노력해왔다.

◆ 원격근무 현황

2009년, 사내 원격근무 프로그램 '커넥티드 워크플레이스(Connected Workplace)'를 도입했다.

- 직원들의 워라밸 유지를 통한 생산성 향상 그리고 밀레니얼 세대의 등장을 대비한 선제적 변화 대응으로 사내 원격근무 프로그램 '커넥티드 워크플레이스'를 도입
- 커넥티드 워크플레이스는 원격근무를 기본 근무 형태로 상정하고 이를 효율적으로 실행할 수 있도록 인프라를 구축하는 프로그램임
- 하드웨어 측면에서는 네트워크 보안을 확보하고 원격근무에 필요한 기기를 지급함
- 업무용 툴로는 MS의 팀즈(Teams)와 함께, 델 자회사인 VM웨어에서 개발한 '워크스페이스 원(Workspace One)'을 사용
- 다만 원격근무를 하면서도 성과 창출에 이상이 없다는 것은 직원 개인이 지속적으로 증명해야 함

◆ 원격근무의 영향

2016년 기준으로 전 직원 중 25%가 부분 또는 완전 재택근무를 실행했으며, 2020년까지 재택근무 비중을 50%까지 높이는 것을 목표로 삼았다.

- 코로나 이후에는 글로벌 직원 15만 7,000명 중 90%가 재택근무 중이지만, 생산성과 협업에 전혀 문제를 겪고 있지 않음
- 다른 기업보다 앞서 도입한 원격근무 경험이 기업 비즈니스에도 도움
- 원격근무 실험을 통해 근로 형태를 일곱 가지로 분류하고, 여기에 맞춘 솔루션을 개발하여 고객사에 제공
- 원격근무를 시행 중인 타 기업과 마찬가지로 인재 확보가 더욱 용이해짐

중간관리자를 위한

업무 효율 높이는

재택근무 관리 팁

" 재택근무 시 중간관리자는 경영진의 지시와
팀원 관리를 어떻게 해야 할까?"

재택근무가 성공적으로 자리 잡기 위해서는
경영진과 직원들 사이에 있는 중간관리자의 역할이 크다.
경영진의 입장만 따라 가서도 안 되고 직원들에게도
평소처럼 세세하게 업무를 지시하는 것도 피해야 한다.
이렇듯 중간관리자의 역할은 재택근무 시에는
달라져야 하는 요소들이 존재한다.
이 장에서는 중관관리자들의 고충을 그나마 덜어줄 수 있는
재택근무 시 관리 팁에 대해 알아보도록 한다.

우리가 평소 회사에서 보여주는 행동과 말투는 거의 비슷하고, 이 행동과 말투를 보거나 듣는 동료들 역시 일정한 패턴으로 정보들을 해석한다. 이렇듯 한 사람의 행동과 말이 사회적으로 해석되는 환경을 '맥락(context)'이라고 한다. 나는 동일한 행동을 하지만, 이에 대한 주변의 해석은 맥락에 따라 달라질 수 있다.

사무실과 재택근무 상황에서의 맥락 역시 다르다. 재택근무로 상사들은 평소보다 정보가 제한되고, 지시를 전달하는 데 어려움을 느끼며, 직원들의 업무 태도에 대한 의구심이 많다. 직원들도 사무실보다 편하지만 집중하기 어렵고, 윗사람들의 지시 사항을 이해하기 위해 평소보다 많은 노력을 해야 하며, 퇴근 시간이 전보다 더 고민되기 때문에 역시 예민한 상태가 된다.

중간관리자가 평소처럼 재택근무에서도 팀원들에게 세세하게 업무를 지시하고, 윗사람에게 일을 맞추다 보면 뭔가 부자연스럽고 일이 제대로 진행되지 않는 듯한 느낌을 주기 쉽다. 그렇다고 팀원에게 일의 큰 방향만 알려주면 과연 제대로 해낼 것인지 의심스럽다. 직원 역시 윗사람의 요구를 최소한으로만 맞추면 일을 하지 않는다고 할까 봐 불편해진다. 이런 문제들이 발생하는 것은 사무실 근무와 재택근무의 맥락이 다르기 때문이다. 이는 중간관리자가 일하는 방식이 이전과는 달라져야 한다는 것이 우선되어야 한다는 의미다.

1

경영진 입장에서
업무를 재구성한다

💬 경영진이 재택근무에 왜 부정적인지 파악하라

대부분의 상사는 마음에 안 들기 마련이지만, 그래도 괜찮은 면이 있는 상사와 일한다면, 왜 경영진이 재택근무에 대해 부정적인지 이해해볼 필요가 있다. 이들은 단지 꼰대이거나 옛날 방식만 고수하기 때문에 부정적인 것이 아니다.

하버드 비즈니스 스쿨의 조직·리더십 분야의 교수인 존 코터(John Kotter)는 1982년 〈하버드 비즈니스 리뷰〉에 '유능한 경영자는 어떤 일을 해야 하는가?'라는 유명한 글을 발표한다. 성공적인 커리어를 걸고 있는 고위 임원은 어떻게 일하는가를 설명하기 위해 그들이 하루 종일 무엇을 하고, 누구를 만나고, 어떤 말을 하는지를 기록한다.

이 글에서 주목할 것은 임원들이 조직의 목표가 조직 내에서 어떻게 실행되고, 직원이 어떤 마음가짐으로 일하며, 어떤 개선이 필요한지를 공식적인 회의나 보고서가 아니라, "사무실을 목적 없이 배회하고, 직원들에게 가볍게 말을 걸고, 시답잖은 농담을 주고받는 과정을 통해 파악한다"는 점이다. '우리 임원은 그렇게 유능하지 않아'라고 생각하는 사람도 있겠지만, 많은 경우 한 조직에서 임원 정도가 되면 조직과 실적에 대한 정보를 단순히 보고서나 숫자로만 판단하는 것이 아니라 직원들의 모습과 사무실의 분위기, 직원들이 자신을 대하는 태도 등을 통해 파악하는 것이 더 많다는 사실이 중요하다.

이들에게 갑자기 "재택근무가 시작되니 이제 모든 업무를 온라인으로 하세요"라고 하면 어떤 느낌일까? 자기가 오랜 기간 배우고 연습해왔던 정보 수집과 분석 체계가 붕괴되는 느낌은 아닐까? 재택근무와 그 도구들은 공식적인 정보들을 처리하기엔 매우 효율적이다. 보고서를 받고 결재를 처리하고, 메신저를 주고받는 것은 사무실 근무나 재택근무나 별 차이가 없다. 그러나 임원들은 화면 너머 여러분의 태도와 말투, 모습을 보고 싶어 한다. 그래야 조직 전체의 공식적인 자료 뒤의 행간을 읽을 수 있기 때문이다. 그런데 재택근무는 이런 비공식적인 정보를 모두 차단한다.

팀장이나 중간관리자라면 결국 이런 경영진을 위해 비공식 정보 획득을 도와줘야 하는 의무가 있다. 그런데 재택근무가 되면 팀장, 중간관리자 역시 비공식 정보를 얻을 수 있는 과정이 차단되므로 상사를 도와줄 수 없게 된다. 정보 차단은 어쩔 수 없다 치더라도 그로 인해 상사들에게 2차적으로 발생하는 부정적인 감정들, 특히 정보 부족에 따른 고립감과 불안감을 낮추는 데 주력해야 한다.

먼저 생각해볼 수 있는 것은 일의 체계, 진행의 우선순위 및 경과 등에 대해 보다 자주 전달하는 것이다. 평소 사무실에서 오전 10시쯤 업무 계획에 대해 구두로 이야기하고, 오후 2~3시쯤 진행 경과를 보고하고, 퇴근 전에 다시 한번 정리해서 보고했다면, 재택근무 때는 업무 일정과 예상 결과물 등을 오전 업무 시작 30분 내에 메신저보다는 영상 통화 등을 통해 설명하고, 점심 직후 중간 진행 결과를 보내주고, 오후 4시쯤 미리 오늘 퇴근 때까지의 진행 등을 알려주는 것이다. 꼭 엄격한 체계를 갖춘 공식적인 보고서가 아니어도 된다. 이렇게 평소보다 "조금 일찍, 조금 더 자세하게, 그리고 직원 개개인의 업무에 대해 구체적으로" 알려주고 피드백을 받는 것이 상사의 고립감과 불안감을 낮추는 데 큰 도움이 된다.

이렇게 보고하려면 팀장이나 중간관리자는 팀원들과 좀 더 일찍 이야기를 나누어야 하고, 준비 시간도 더 길어진다. 물론 번거롭고, 자기 고유의 업무도 있기 때문에 근무 시간이 늘어나기 쉽다. 오히려 중간관리자는 재택근무 시 업무 강도가 올라가거나 야근을 하게 된다. 상사가 이런 점까지 인지해서 업무 속도나 요구 품질을 조절할 줄 아는 현명한 사람이면 괜찮겠지만, 나이만 먹은 꼰대라면 정말 답이 없다. 이럴 땐 야근하고 업무 강도가 올라가더라도 최대한 먼저 선수를 침으로써 불안과 짜증에 가득 찬 상사가 업무를 쏟아내는 바람에 어쩔 수 없이 하는 야근 사태를 막아야 한다. 이건 진짜 일은 일대로 하고, 감정은 감정대로 상하며, 평가는 평가대로 나빠지는 삼중고를 겪게 될 수도 있기 때문이다.

　　조직이 성장하면서 대부분의 직원에게 만족감이나 유능감, 소속감 등 긍정적인 느낌을 가지게 해주는 조직을 '순기능적 조직'이라고 한다. 이와 반대로 많은 조직원에게 소진, 우울, 불안과 소외감, 무능감 등을 느끼게 하는 조직을 '역기능적 조직'이라고 한다. 조직은 괜찮은데 상사가 직원들에게 이런 감정을 느끼게 할 수도 있다. 이기적이고, 무책임하며, 사람을 도구로 취급하고, 인간적인 관심은 보이지 않으면서 요구 사항만 있는 상사들도 많다. 그럼 이와 같은 조직 또는 상사 밑에서 재택근무를 하는 팀장이나 중간관리자라면 어떻게 해야 할까? 무엇보다 자신의 재택근무에 대한 목표를 명확히 할 필요가 있다.

　　역기능적 조직이나 상사에 대해서는 반감이 있고, 직원들에 대해서는 애정이 많은 팀장이나 중간관리자라면 재택근무의 목표는 '문제를 키우지 말자'가 되어야 한다. 아무리 화상 회의 시스템이 발달해도, 사람의 몸짓이나 태도, 분위기 등에서 나타나는 풍부한 정보는 전달할 수 없다. 이 때문에 동의하기 어려운 지시에 대한 상사의 의견 개진은 자칫 반발과 불만 제기처럼 오해받기 쉽다. 이건 마치 사람에게 착취적인 태도를 가진 상사에게 스스로를 먹잇감으로 던져주는 것이나 다름없다. 나는 좀 찍

혀도 괜찮다고 하더라도, 팀원들의 입장이 곤란해지고, 쓸데없는 일에 시달리게 된다. 따라서 의견을 개진하거나, 평소 사무실에서처럼 미리 알아서 일을 처리하지 말고, 하기로 되어 있는 일만 수동적으로 받은 후 이에 대한 최소한의 요구치 충족 방식을 유지해야 한다. 이런 역기능적인 상사는 여러분이 사전에 합의된 A 문제를 해결하면 '수고했다'고 하기보다 B, C, D 등이 안 되어 있다면서 일을 떠넘길 것이 뻔하기 때문이고, 이 상황에서 부당함을 호소하거나 다른 대안을 이야기하면 소통의 어려움 때문에 괜히 미운털만 더 박히면서 일도 더 떠안게 된다.

평소 적극적으로 의견 개진을 했더라도 상사가 역기능적이고, 재택근무 상황이라면 수동적으로 최소 요구 품질 충족 수준으로 일하는 게 좋다. 그리고 다른 대안이나 의견 등은 정리해놨다가 오프라인에서 이야기해야 한다. 갑자기 수동적이 되었다고 윗사람이 불만을 토로하면 적당히 재택근무 시스템 평계를 대면 된다. 또 1년 내내 재택근무를 하지는 않을 테니 오프라인에서 직접 얼굴 보고 이야기하면 된다. 팀장이나 중간관리자쯤 되면 이 정도 결기는 있어야 하지 않을까? 무엇보다 전제가 이기적이고 착취적인 상사와 일하는 보통 사람이니 말이다.

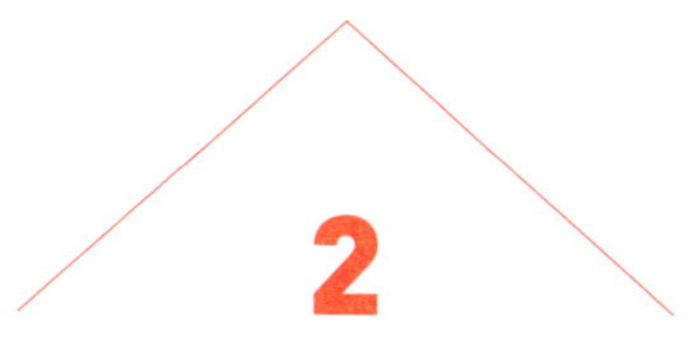

핵심은 목표 배분과
성과 관리다

재택근무나 코로나와 상관없이 지난 몇 년간 기업체 목표 설정과 직원 평가 시스템은 커다란 변화를 겪어왔다. 마이크로소프트가 개인별 KPI 시스템을 폐기한 것이나, 구글이 OKR (Objective & Key Results) 시스템을 도입한 것을 보자. 이런 변화의 핵심은 직원 개개인에게 구체적인 수치 목표 또는 정량적 목표를 주고, 이들을 기업 전체의 실적 목표에 맞추게 하는 KPI 시스템이 기업의 성장에 큰 도움이 되지 않는다는 방증이다. 실제 우리나라 대부분의 회사에서 채택되고 있는 KPI 시스템은 그냥 경영진이 내년 매출을 얼마 늘리자고 하면 그 목표에 맞춰 팀별 목표를 나누고 이를 다시 개인별로 나누는 것에 가까웠다. 달성 역시 그 목표 수치에 맞춰 달성했느냐 못했느냐만 따졌다. 하지만 이 시스템에는 아주 중요한 세 가지 문제점이 있다. 지금부터 하나하나 짚어보도록 한다.

💬 문제점 1: 경영진의 시장 관점이 목표에 반영

일단 이 목표에는 경영진의 시장 관점이 녹아 있다는 것이다. 요즘처럼 시장 상황이 급변하고, 예측할 수 없는 부분에서 문제가 생기고, 경쟁사가 전혀 아니었던 회사가 경쟁사로 등장하는 시대에는 경영진의 시각이 틀린 경우 이를 보정할 수 있는 방법이 전혀 없다. 쉽게 말해 경영진이 자기 욕심(내년 매출 무조건 200% 성장)을 반영하고 그걸 목표 삼아 그다음 해 기업이 굴러가는 것인데, 이 방식으로는 시장을 주도할 만한 새로운 아이디어를 생각해내기도 어렵고, 직원들 역시 수치로 주어진 숙제에만 집중하게 된다. 그렇게 되면 색다른 아이디어를 생각하지도 않을 뿐 아니라 설혹 생각했더라도 실무에 반영할 동기 유인이 떨어진다. 그리고 매출 목표는 명확하지만 이를 위해 구체적으로 어떤 업무에 집중할 것인지는 명확하게 제시되지 않는 경우도 많다. 또 제대로 수행하는지에 대해서도 알려주는 것이 없는 경우도 빈번하다. 이렇게 되면 작년에 했던 방식을 올해 또 시행하고, 다음 해에도 다시 그대로 반복하게 된다. 이는 목표는 명확하지만 그 수행 방법에 대한 피드백을 주고받기 어려운 시스템이기 때문에 나타나는 현상이다.

마지막으로는 개인별 KPI의 달성이 과연 그 개인의 성과이기만 한 것이냐에 대한 의문도 있다. 실적 달성이 소위 '운발'이라는 것이다. 개인에게 목표가 너무 두루뭉술해도 문제지만, 개인이 어쩔 수 없는 부분을 책임지라고 하는 게 과연 조직의 건강성이나 실적 달성에 도움이 될지를 생각해보면 동의하기가 쉽지 않다.

💬 문제점 2: 피드백을 주고받는 시간의 증가

앞의 이유로 최근의 목표 부여 및 실적 평가 시스템은 구체적인 실적 목표를 팀 단위 정도에만 부여하고, 개인별로는 그 목표를 나누지 않는다. 이는 팀 실적에 대한 연대 의식을 가지라는 뜻이며, 팀 목표 달성을 위해 서로 최대한 협조하라는 의미다. 당연히 개개인의 프리라이딩 또는 역량 부족을 도와주기 위해서는 개인별 KPI를 부여하는 방식이 아니라 팀 관리자, 즉 팀장이나 중간 관리자의 주기적 피드백을 기반으로 평가한다. 가령 R&D팀의 연간 목표가 네 개의 신제품 개발이라면 이 숙제는 R&D팀 전체의 것이고, 팀장은 이를 직원별로 나눠주지 않는 대신 이 목표를 위한 여러 구체적인 과제를 생각해낸다. 그리고 직원들을 참여하게 한 뒤 그들의 진도 관리와 그 과정에서 부딪히는 문제 해결에 조언을 제공하는 방식을 취한다. 대신 예전처럼 1년에 한두 번 실적 평가를 하는 것이 아니라 적어도 한 달에 한 번, 30분 이상의 시간을 들여 한 달간 어떻게 일했고, 어떤 부분에서 미흡하고, 현재 부딪히는 문제에 대해서는 어떻게 해결하면 도움이 될 것이라는 1:1 피드백 세션을 갖는다. 이와 같은 면담 기록과 피드백 기록이 차곡차곡 쌓여 1년 동안의 성과를 평가하는 것이다. 이렇게 되면 직원은 감당할 수 없는 팀의 과제를 개인이 모두 떠안는 것 같은 느낌을 받지 않고, 매우 구체적인 업무와 팀 전체를 위해 일하는 태도에 대한 피드백을 자주 받게 되고, 그 과정에서 자신의 부족한 점을 공유하고 발전할 수 있는 기회를 얻게 된다.

물론 이렇게 하면 팀장이나 중간관리자가 팀원들을 관리하고 피드백을 주는 데 많은 시간을 사용해야 한다. 또 팀에 주어진 목표를 프로젝트 단위로 나누어 팀의 실적 진도와 연결시키는 복잡한 작업도 계속해서 해야 한다. 하지만 이는 KPI 시스템에서도 팀장이나 중간관리자가 하는 일이다. 과거와 크게 다른 점은 피드백을 주고받는 시간이 늘어난다는 것뿐이다. 그러나 직원 개개인은 이 피드백을 통해 자기의 업무적 성장과 조직 내에서의 인정 등에 대해 명확하게 인식할 수 있는 기회를 가지게 된다. 즉 과거에는 '숫자 목표'를 주고 알아서 하라였다면 이제는 '구체적인 업무 수행 과제'를 주고 이 수행 방법에 대해 코칭을 하라는 것이 된다. 팀으로 일하면서도 개개인의 발전을 도모할 수 있는 방법으로 최근 가장 각광받는 방식의 목표 설정 및 평가 방법이다.

KPI에 대한 책이 아닌데 이처럼 길게 설명하는 것은 이러한 시각이 재택근무 상황에서의 목표 배분과 성과 평가에 대한 접근과 겹치기 때문이다. 재택근무자에게는 명료한 목표가 주어져야 하는데 단순한 실적 숫자만 주는 것은 직원의 고립감을 키우고, 문제를 해결할 방법을 몰라 좌충우돌하게 만들거나 대충 적당히 하다가 중도에 포기하게 만들 가능성이 높다. 이것은 회사의 상사나 동료 등 각종 경영 자원에 대한 접근성이 아무래도 사무실에서보다는 낮기 때문인데, 따라서 TF에서의 목표 관리처럼 목표 자체도 조금 더 단기적이고 구체적인 과제여야 한다. 이에 대한 피드백은 더 즉각적이어야 한다. 사무실에서 KPI 시스템이 1년 치 목표를 주고 분기에 한 번 진도 상황을 관리했다고 하면 재택근무 시에는 목표를 1~2주일 단위로 주고 그에 대한 피드백 역시 업무가 완료되면 즉시 제공하는 방식이어야 한다는 의미다. 관리자 입장에서 한두 명도 아닌데 시간 낭비가 많지 않을까 싶겠지만, 이것의 효과가 떨어졌다면 마이크로소프트나 구글, 페이스북 같은 글로벌 최상위 기업들이 채택하지 않았을 것이다.

이 과정에서 좀 더 본질적인 문제는 팀장이나 중간관리자들이 이렇게 팀에 주어진 목표를 업무나 프로젝트 단위로 바꾸고, 이를 다시 팀원 개인별로 나눠주고, 이에 대한 짧은 주기의 관리와 제대로 된 피드백을 줄 능력을 갖고 있는지의 여부다. 소위 '프로젝트 관리 역량' 또는 '문제해결력' 등의 이름으로 부르는 능력인데, 우리나라 기업들 중에서 대기업이 아니면 이 능력을 가지고 중간관리자를 뽑는 경우가 매우 드물다. 또 제대로 된 훈련 기회나 교육 기회도 제공하지 않기 때문에 경영진 입장에서는 이렇게 운영하고 싶어도 제대로 운영되지 못할 가능성이 높다. 이 경우라면 재택근무의 장점은 그냥 탁상공론이 될 가능성이 더 크고 차라리 사무실 근무가 더 나을 수 있다. 재택근무를 하는 기업과 아닌 기업이 단순히 전략 차이가 아니라 외부에서 볼 때 기업 간의 수준 차이처럼 느껴진다고 하는 이유가 바로 이 부분이다.

팀장이나 중간관리자들의 프로젝트 관리 역량 유무에 따라 재택근무를 성공으로 이끄느냐 아니면 악몽 같은 실패로 이끄느냐의 차이를 만들어낸다. 이런 역량 보유자가 많다면 그 조직은 규모와 상관없이 꾸준히 성장하는 단단한 조직일 것이고, 재택근무 같은 큰 변화도 문제없이 받아들일 수 있을 것이다. 반면에 이런 관리자가 별로 없다면 사무실 근무에서조차 삐걱거리는 조직일 가능성이 높다. 따라서 기업과 경영진 입장에서는 이 역량을 가진 팀장이나 중간관리자를 선호할 수밖에 없다. 팀장이나 중간관리자로서 이 역량이 모자라다고 판단되면 외부 교육이나 책을 통해 기초 지식을 쌓고 이를 바탕으로 업무에 적용하면서 프로젝트 관리 역량과 문제해결력을 키워야만 한다.

업무 도중에 목표나 평가 기준 등이 변동될 수도 있다. 이 경우 과거처럼 직원들에게 그냥 통보한다면, 재택근무자들에게 혼란을 가져올 수 있다. 사무실에서라면 직원들을 불러 모아 한두 시간 길게 설명해줄 수 있지만, 온라인에서는 이렇게 설명한다 해도 뭔가 불충분하다. 그러므로 방향의 변경이나 목표의 변화, 수행 방식의 대대적 수정 등 큰 상황의 변동은 경영진과 사전에 충분히 의견을 나누고, 이를 직원들과 다시 공유하는 시간을 갖도록 설정할 필요가 있다. 필요하다면 경영진에 이야기해서 경영진이 직접 영상 회의 등을 통해 해당 직원 전체를 상대로 설명하는 게 더 효과적일 수도 있다. 대부분의 영상 통화나 영상 회의 시스템에는 수많은 참여자들을 대상으로 한 명이 발표하는, 소위 '웨비나(Webinar, 온라인을 의미하는 'Web'과 'Seminar'가 결합된 단어. 온라인상에서의 1:n 방식의 프레젠테이션을 의미함)' 기능이 있으므로 손쉽게 실행할 수 있다. 반드시 변경 사항이 아니더라도 기업의 실적이나 중요한 경영상 전달 사항 같은 것들은 웨비나를 이용해 경영진이 직접 직원들에게 설명함으로써 오해의 소지를 줄이고 직원들과의 접촉 빈도를 높이는 것도 좋은 실행 전략이다.

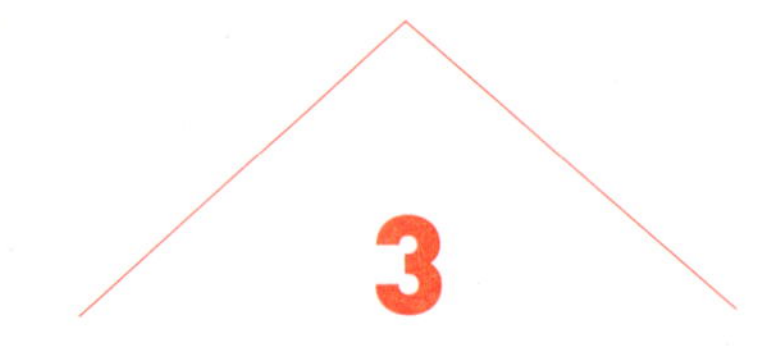

3

팀원의 업무 시간을 체계적이고 지속적으로 배분한다

성실하게 일 잘하고, 자기 의견도 잘 말하고, 서로 존중하면서도 팀 전체 일도 나눠서 하는 팀원들만 있으면 상사가 악마라 해도 일할 만하다. 그러나 현실은 대체로 가혹하다. 자기가 무슨 일을 해야 하는지 아예 관심도 없는 직원과 "그 일은 너무 어려워요"를 남발하는 대리급 직원, "저는 그런 일 하려고 이 회사 온 것 아닌데요" 같은 말을 해대는 경력직을 데리고 상사와 맞서야 하고, 그러면서 실적도 만들어야 한다. 이런 상황에서 팀원 관리의 돌파구는 '프로젝트 TF' 경험이다.

회사 생활을 하다 보면 다른 부서원들과 짧게 일하는 TF에 참여할 때가 있다. 일을 얼마나 잘하는지 서로 모르고, 낯선 경우가 많아 조심스럽다. 그래서 TF는 초기에 팀 목표와 구체적 업무 리스트, 우선순위 및 각 업무별 예상 결과물, 담당자와 데드라인 등을 설정하는 '작업 계획'을 작성하는 것이 일반적이다. 이런 계획이 없으면 처음에 어영부영하게 되고 나중에는 시간에 쫓겨 대충 한두 명이 일을 감당하거나 흐지부지되는 경우가 다반사다.

이와 같은 사태를 피하기 위해 재택근무 동안 팀장이나 중간관리자는 팀원들에게 프로젝트 관리자 역할을 해야 한다. 또 메신저나 영상 외의 채널이 거의 막힌 상태이므로 상황 관리를 위한 대화 시간과 방법, 자료 준비 등도 업무 계획과 함께 명확하게 전달하고 이를 철저히 지켜야 한다.

사무실에서 일하는 것과 달리 재택근무는 시간에 쫓기는 TF처럼 중간관리자가 스스로 절박함을 갖고, 팀원들에게도 똑같이 절박함을 심어줄 필요가 있다. 그렇지 않으면 재택근무

3~4주 후엔 팀원들의 긴장감이 확 풀려버릴 수 있다. 재택근무 관련 조사에서 언급되는 어려움 중 항상 오르내리는 것이 바로 '스스로 동기 부여를 유지하는 것이 어렵다'는 점이다. 이들의 텐션을 유지하는 제일 좋은 방법이 명확한 업무 계획과 적절한 중간 점검의 반복이다.

재택근무를 하다 보면 팀원들이 일상과 업무 시간이 구분되지 않고, 가족들이 옆에 있는 경우도 있어 근무 시간에 개인적인 일을 볼 수도 있다. 이런 일들은 사소할 수 있지만, 업무 진도에 영향을 주거나 팀원들의 형평성 문제 제기가 일어날 수 있는 일들이다. 이런 요청 사항은 일정 기간에 한 번씩 받아들여 이를 반영한 스케줄을 다시 나누되 철저하게 공개적으로 해야 한다. 즉 일정 시점에 일주일 중 근무나 업무 성과에 방해가 될 수 있는 개인 일정을 제출하게 하여 이를 반영한 뒤 공평성 시비가 나오지 않도록 정리해서, 팀의 일정표를 전체에게 나눠 준다. 그러고 나서 영상 회의 등을 통해 일정 변경의 이유를 공유하고 상호 이해를 구한다. 그리고 일단 이렇게 정해진 일정은 무슨 일이 있어도 지키게 해야 한다. 그래야 불필요한 오해나 뒷말, 직원 간의 질투와 시기 등이 나오지 않는다. 만약 상사의 급작스러운 요청에 따라 이런 스케줄이 엉망이 되는 경우 팀장이나 중간관리자는 가능한 한 혼자서 버텨내야 한다. 업무 진행 과정에 대한 안정성이 제공되지 않으면 팀의 생산성은 절대로 담보되지 않기 때문이다.

💬 재택근무 시 업무 간의 우선순위를 바꿔라

업무 중엔 사람들의 아이디어가 모여야 하거나, 새로운 시각이 필요한 종류의 일들이 있다. '집단 창의성'이 필요한 일들은 재택근무에서 진짜 어려운 숙제다. 집단 창의성은 서로 높은 신뢰성을 가지고, 모두가 한 문제에 대해 오랜 시간 깊이 고민하면서 논의를 반복하다가 어느 순간 '아, 이렇게 하면 되겠다'처럼 떠오르는 해결책이다. 이런 형태의 창의성은 수많은 물리적 접촉과 어울림을 전제로 한다. 이것을 재택근무에서 해결하려 하면 머리만 아프고 진도는 나가지 않는다. 이는 재택근무가 가진 수많은 장점을 버리고, 가장 취약한 점을 붙잡고 싸우는 것이나 다름없다.

대신 재택근무는 팀원들이 명확하게 나뉜 일을 혼자서 처리할 수 있고, 진도를 쉽게 확인할 수 있는 일에는 최적이다. 사무실에서처럼 갑자기 울리는 전화나 상사의 날카로운 눈 등으로부터 자유롭기 때문이다. 가능하다면 업무 우선순위를 습관화하거나 개인별로 명확하게 업무를 인식하고 혼자서 할 수 있는 일들부터 먼저 처리해야 한다. 집단 창의성이 필요한 일은 뒤로 미루거나 아니면 그에 대한 프로젝트 계획을 팀장이나 중간관리자 입장에서 혼자 정리한 후 계속 조율해 준비 기간을 길게 가져야 한다. 또는 상사와 협의해 완료 시간을 늦추는 방법도 고려하는 것이 좋다. 초기에 아이디어 도출 같은 것들을 온라인에서 집단적으로 하려고 하면 시간 낭비가 너무 많아지기 때문에 상사에 대한 '기대 관리'를 하면서 스스로 생각을 정리해서 팀원들에게 나눠줄 때까지의 시간을 버는 것이 필요하다.

📢 재택근무 시 여유 있게 스케줄을 조정해라

재택근무 인력들은 초기에는 잘하지만 시간이 조금 지나면 생산성이 떨어진다. 개발자나 디자이너처럼 명확한 결과물을 만드는 직업이 아닌 한 사무실에서처럼 압박이 있는 것도 아니고, 아무래도 정보가 제한되니 능률이 낮아지기 마련이다. 중간관리자로서 작업 계획을 세울 때는 이를 고려해 최대한의 여유 시간을 확보할 필요가 있다.

누군가가 내일 주겠다고 했다가 그다음 날 결과물을 가지고 나타나면 굉장히 짜증 난다. 하지만 주겠다는 시간보다 빨리 결과물을 가져온다면 일을 '더 빨리' 한 사람처럼 느껴진다. 기준점을 어디에 두느냐에 따라 감정이 달라진다는 의미에서 '앵커 효과(anchor effect)'라고 부른다. 재택근무를 할 때는 이 효과를 최대한 이용해야 한다. 처음 한번 "업무 진행 속도가 재택근무 때문에 늦어질 우려가 있으니, 시간을 좀 길게 가지고 가겠습니다"라고 이야기하면 된다. 그다음부터는 이 속도가 서로 합의된 기준선이 되고, 팀원들의 생산성이 떨어지는 경우가 생기더라도 결과를 보완할 수 있는 여유를 확보할 수 있다.

💬 업무 이외의 대화 시간을 꼭 확보하라

재택근무는 고립감을 키우는 근무 형태다. 조직에 대한 경험과 정보도 적은 직원은 고립감을 느끼기 더 쉽다. 중간관리자가 온라인으로 업무와 관련된 사항만 전달한다면 더 소외되고 관심 밖으로 밀려난 느낌을 받고, 거리감이 계속 커진다. 그러므로 일과 중 일정 시간에 커피 브레이크를 20분 내외의 영상 회의로 갖는 것이 필요하다. 업무가 아닌 이야기들, 가령 내가 키우는 고양이를 보여준다든지, 팀원이 새로 산 커피 원두에 대한 이야기를 나누며, 마음을 나누는 시간이 반드시 필요하다. 애초 업무 계획을 세울 때 이런 공유 휴식 시간을 포함하고, 직원들에게도 가능하면 참여하도록 유도해야 한다. 처음에는 어색할 수도 있기 때문에 미리 이야깃거리를 준비해두면 좋다. 반려동물이나 아이 그리고 날씨 등은 편안하고 안전한 주제다.

세상에 완벽한 시스템은 존재할 수 없다. 재택근무도 수많은 장점과 단점을 동시에 가지고 있는 시스템이다. 적절하게만 활용된다면 직원들의 만족도나 유능감, 소속감 등을 오히려 더 높이고, 이직률을 낮출 수 있다고 하니 적극 시도해보면 좋을 것이다.

1. 자신이 맡고 있는 책임과 권한에 맞춰 경영진과 직원 사이에서 균형을 이루어야 한다.
2. 기업과 경영진 입장에서 자신의 업무를 재구성한다.
3. 기존의 조직 관리 방식을 어떻게 개선해야 할지 고민하고 결정한다.
4. 재택근무 이전 방식에 익숙한 직원들을 새로운 조직 관리 방식에 적응시킬지를 우선적으로 고려한다.
5. 조직의 장이 아니라 프로젝트 리더로서 인식을 전환한다.

◆ 개요

건설업이라는 특성상 재택근무를 적극적으로 고려하지 않는 기조이지만 코로나 상황이 장기화됨에 따라 제한적으로 이를 도입하고 있다.

◆ 원격근무 도입 현황

주요 건설사는 대체로 구성원에 대한 방역 강화를 중점적으로 시행하고 있으며, 별도의 재택근무는 고려하지 않고 있다.

① 삼성물산의 경우, 패션 부문은 재택근무를 시행하고 있으나 건설 부문은 코로나가 확산되던 2020년 3~4월에도 재택근무를 도입하지 않음
  - 개인 위생을 철저히 관리하는 형태로 관리함
  - 매주 온라인 문진표 작성, 코로나 유사 증상이 있거나 인파가 밀집한 지역에 다녀온 직원은 2~3일 출근하지 않게 조치하는 정도로만 시행함

② 대우건설 또한 코로나 대응 매뉴얼은 마련했지만 직원 당사자나 가족 중 확진자가 발생하는 경우에만 재택근무 허용

③ 현대건설, GS건설은 임산부나 어린 자녀가 있는 직원, 증상 의심자 등을 대상으로만 재택근무를 선별적으로 시행
  - 다만 코로나 확산 상황에서는 재택근무 시행

④ 2020년 3월에 SK건설, 대림산업, CJ건설은 2주 동안 순환제 재택근무를 도입
  - GS건설 역시 2020년 코로나 여름 재확산 이후 8월에 격일제 재택근무를 도입
  - 재택근무를 도입하지 않는 이유는 전국에 흩어진 각 현장을 중심으로 비즈니스를 전개하는 건설업의 특징 때문으로 보임
  - 현장에서 공사 업무를 하기 때문에 굳이 재택근무로 각 팀이나 구성원을 격리할 필요성이 적음

◆ 향후 방침

- 업무 특성상 재택근무 도입에 소극적이지만 코로나 상황이 장기화됨에 따라 점차 도입을 확대할 것으로 전망
- 다만 이에 따라 효율성 하락과 공사 일정 타격이 우려

원활한 재택근무를 위한 무료 툴과
활용 노하우

재택근무 도입을 고민하는 조직에서 가장 첫 번째로 하는 실수가 바로 '어떤 툴을 쓸 것인가'만 고민한 나머지, 근본적인 환경 조성을 소홀히 하는 것이다. 툴은 말 그대로 재택근무의 효율성을 높이는 도구일 뿐, 조직 분위기와 업무의 성격이 재택근무에 적합하지 않다면 그 어떤 툴을 선택해도 실패할 수 있다.

그렇다면 툴을 선택하기 전에 어떤 것들을 먼저 생각해야 할까?

💬 툴 도입 전에 먼저 생각해야 할 것들

1. 제품이나 서비스 그리고 업무 특성이 재택근무에 적합한가?

가장 먼저 회사가 제공하는 제품과 서비스 그리고 팀 업무가 재택근무에 적합한지를 생각해야 한다.

❶ 재택근무에 적합한 기업: IT 기업, 온라인·모바일 서비스 업종 등

재택근무를 도입한다고 해도 일상 근무의 본질적인 형태가 달라지지는 않는다. 서비스 자체가 현물을 직접 확인하거나 현장에서 문제를 해결해야 할 필요가 적다. 또한 기획자와 디자이너, 퍼블리셔, 개발자가 함께 실무를 진행하는 경우가 대부분이어서 이미 다양한 협업 툴을 사용하고 있기 때문에 재택근무가 단순히 일하는 장소가 바뀌는 정도이므로 타 기업에 비해 상대적으로 충격이 적다.

❷ 재택근무에 적합하지 않은 기업: 오프라인 중심의 매장, 전통적인 제조업, 설비 관리 업종 등

재택근무 도입이 보다 신중하고 세밀하게 이루어져야 한다. 극단적인 경우 재택근무 도입 자체가 적절하지 않을 수 있다.

❸ 재택근무에 적합한 업무 1: 개발자, 디자인, 기획자 등

회의나 기타 잡무 그리고 타인의 방해를 받지 않고 혼자서 집중해야 하는 일이 있다. 대표적인 것이 바로 개발이나 디자인이다. 물론 기획자나 유관 부서와의 협업과 조율도 필요하지만 본질적으로는 혼자서 묵묵히 아웃풋을 만들어내야 하는 일이다.

❹ 재택근무에 적합한 업무 2: 프로젝트성 업무

프로젝트성 업무는 다음 요소를 포함하는 것이 전제된다.

- 업무를 통해 달성해야 할 목표(결과물)가 설정되어 있어야 한다.
- 프로젝트 목표를 위한 일정과 세부 마일스톤이 존재해야 한다.
- 팀원 각자가 담당해야 할 영역을 설정하고 분배할 수 있어야 한다.

이에 대한 합의를 위해 한두 번의 미팅을 거친 후에는 곧바로 재택근무에 들어갈 수 있다. 그리고 그 과정에서 프로젝트와 구성원에게 가장 알맞은 도구를 이용하면서 효율성을 높인다.

❺ 재택근무가 적합하지 않은 업무

프로젝트의 성격을 띤 업무라도 보안이 필요하거나 업무 진행에 필수적인 자료가 대외비인 경우에는 재택근무가 적합하지 않다. 또한 일의 목표와 일정에 일관성이 없어서 자주 업무가 바뀌는 경우에도 재택근무는 또 하나의 업무가 될 수밖에 없다.

2. 재택근무에 적합한 조직 문화인가?

원활한 재택근무의 핵심은 바로 조직 구성원 상호 간 신뢰 여부에 달려 있다. 재택근무의 본질은 결국 눈에 보이지 않는 곳에서 일하는 것이다. 그러다 보니 구성원 사이에 신뢰가 부족한 경우에는 다양한 문제가 발생한다.

❶ 재택근무를 악용하는 조직원이 있는가?

쉽게 말해 눈에 보이지 않는다고 일을 하지 않는다거나 재택근무를 기회 삼아 업무보다는 개인적인 프로젝트에만 매달릴 것 같은 사람이 있다면 조직 차원에서 재택근무를 도입하는 것은 더욱 신중해야 한다. 구성원 개인의 업무 수행 방식에는 자유를 부여하되, 팀에서 정해진 방향성과 데드라인은 지킬 수 있도록 룰을 설정해야 한다. 그리고 재택근무 도입 이후에는 이에 걸맞은 자율성을 가진 사람을 채용하는 것을 시작으로 조직 문화를 만들어간다.

❷ 리더의 지나친 감시가 있는가?

구성원들로 하여금 재택근무를 견딜 수 없게 만드는 요인 중 하나다. 평소 사무실에서 근무할 때는 팀원들의 근태를 눈으로 확인할 수 있고 업무 진행 상황이 궁금하면 담당자를 부르거나 회의로 파악이 가능했다. 하지만 이런 방식의 통세가 불가능한 원격근무는 리더의 불안감을 자극하게 되고, 그 결과 하루 종일 웹캠을 켜놓도록 강요한다든가, 한 시간 단위로 업무 일지를 적으라는 등 팀원들에 대한 지나친 감시 형태로 나타난다. 리더가 무조건적으로 팀원들을 믿어야 한다는 말은 아니다. 평소 습관이나 개인적인 불안감보다는 미리 합의된 룰이나 프로젝트 관리 프로세스에 의거해 판단해야 한다.

💬 회사와 팀에 어울리는 커뮤니케이션 툴 찾기

회사와 팀의 일은 재택근무에 적합한지 그리고 내가 있는 조직은 재택근무를 도입할 수 있는 문화인지를 충분히 고려한 후 적합한 툴을 선정해야 한다. 그렇지만 여기서는 재택근무 효율을 높일 수 있는 툴을 간접 커뮤니케이션 툴과 직접 커뮤니케이션 툴로 나누어 소개한다. 구체적인 사용법은 검색과 툴별 커뮤니티에서 접할 수 있으므로 실제 활용 시 장단점을 중점적으로 다루도록 하겠다.

1. 간접 커뮤니케이션 툴: 텍스트 기반 커뮤니케이션·프로젝트 관리

예전에는 네이트온이 있었다면, 지금은 슬랙이 있다. 슬랙의 가장 큰 장점은 팀별·주제별로 신속하게 커뮤니케이션이 가능하며, 이를 트래킹하기가 편리하다는 것이다.

슬랙에서는 개인 간·팀 내부 커뮤니케이션이 구분된다. 개인 간 커뮤니케이션은 다른 메신저와 마찬가지로 DM(Direct Message)으로 이뤄지지만, 팀별·주제별 커뮤니케이션은 채널에서 이루어진다.

❶ 슬랙의 장점 1: 채널을 통한 소통

채널은 슬랙의 가장 큰 장점이며 체계적인 커뮤니케이션을 가능하게 하는 공간으로 #Product_team #신규입사자_온보딩 등 팀이나 업무에 따라 생성하고 담당자와 유관 부서 사람들을 초대해 소통할 수 있다. 그리고 채널 내에서 소주제별 채팅이 가능한데, 단순히 시간순으로만 메시지가 쌓이는 여타 메신저와 달리, 특정 주제를 담은 메시지 아래에 스레드(Thread)를 만들어 소통함으로써 이슈별로 깔끔한 커뮤니케이션이 가능하게 한다.

쉽게 말해 게시글에 댓글을 다는 방식과 유사한데, 예를 들어 #신규입사자_온보딩 채널에 누군가가 '웰컴 키트 디자인 방향성이 어떻게 되나요'라는 메시지를 쓰면, 이에 관한 각자의 의견을 댓글 형식으로 달아서 스레드를 형성하는 것이다. 이렇게 보면 도대체 이메일과 스레드가 다른 점이 무엇인가 의문이 들 수도 있다. 하지만 이메일을 작성하는 데 드는 시간과 에너지 그리고 신속한 커뮤니케이션이 어렵다는 점을 생각하면 슬랙이 가지는 장점은 더욱 명확해진다.

❷ 슬랙의 장점 2: 트래킹을 통한 소통

슬랙의 또 다른 장점은 트래킹이 편리하다는 점이다. 사용자가 속한 모든 채널과 커뮤니케이션을 대상으로 단어를 검색할 수 있음은 물론이고, 특정인의 메시지만 찾아보는 등 다양한 방식으로 트래킹이 가능하다. 하나의 채팅방에서 단어만 기반으로 검색을 제공하던 기존 메신저와는 큰 차이가 있는 기능이다.

❸ 슬랙의 단점: 프로그램 진입장벽과 이중 커뮤니케이션

슬랙에도 단점이 있는데, 그중 대표적인 것이 바로 언어로 인한 '진입 장벽'이다. 슬랙 서비스 자체가 모두 영어로 되어 있어서 영어 울렁증이 있는 경우에는 다소 부담스럽게 느껴진다. 최근 슬랙은 한국 법인을 설립하고, 2020년부터 한글판 서비스를 시작하고 있어 언어 장벽은 극복했다고 치더라도, 기존 메신저에서 볼 수 없었던 생소한 개념과 복잡한 기능 때문에 익숙해지는 데 시간이 걸릴 수 있다.
또한 명확한 그라운드 룰이 없으면 커뮤니케이션이 혼잡해질 수 있다는

것도 단점으로 꼽을 수 있다. 채널이 공식적인 느낌이라 부담스럽다 보니 친한 실무자들끼리 DM으로 이야기하고 자료를 공유하는 경우도 종종 생기는데, 이렇게 이중으로 커뮤니케이션이 벌어지면 팀·업무 단위로 함께 커뮤니케이션하고 공유한다는 슬랙의 사용 목적이 흐려진다. 카카오톡이나 네이트온으로 일하는 것과 다를 바 없어지는 것이므로 업무와 관련된 이야기나 자료 공유 등은 채널을 통해서만 한다. 채널에서는 업무 외의 이야기는 지양하는 그라운드 룰을 설정할 필요가 있다.

장점	① 채널과 세부 스레드 생성을 통해 업무 및 세부 태스크별로 체계적인 커뮤니케이션이 가능 ② 본인이 참가한 모든 채널에 대해 키워드 검색은 물론, 특정 사람을 지정한 트래킹이 가능
단점	① 프로그램 진입 장벽, 복잡한 기능 외 ② 명확한 가이드라인이 없는 경우 채널과 DM의 이중 커뮤니케이션이 일어날 수 있음

노션(Notion)

노션은 구성원 간 소통보다는 '협업'에 포커스를 맞춘 툴이다. 예전에는 엑셀이나 구글 시트를 통해 수제작으로 간트 차트를 만들어 프로젝트를 관리했다면, 노션에서는 템플릿으로 간단히

틀을 만들고, 담당자를 태그하고 목적에 맞춰 필터링하는 등 보다 편리하게 프로젝트를 관리할 수 있다.

자체적으로 제공하는 다양한 템플릿은 노션의 가장 큰 장점이다. 디자인(User Research Database, Roadmap 등), 개발(To-do, Engineering Wiki 등), HR(Job Board, Applicant Tracker 등), 마케팅(Brand Assets, Media List, Contents Calendar 등)과 같이 직무별·세부 업무별로 템플릿을 제공하며 사용자의 업무 성격과 목적에 맞춰 커스터마이징도 가능하다. 또한 노션 커뮤니티(페이스북 'notion.so 노션 한국 사용자 모임')를 통해 다른 사용자들이 만든 템플릿도 적용할 수 있어 확장성은 더욱 커진다.

또한 노션은 슬랙과 함께 사용하면서 시너지를 높일 수 있다. 슬랙은 업무에 관해 신속하게 소통하는 용도로, 그리고 노션은 업무를 쪼개 실무자별로 태스크를 배분하고, 각 태스크별로 일정을 공유하는 등 프로젝트 관리에 초점을 맞춰 사용함으로써 상호 보완적으로 활용이 가능하다.

다만 프로젝트 관리와 협업에 집중된 툴이라는 것은 업무에 따라 단점으로 작용하기도 한다. 즉 타 부서와 협업하지 않는 일을 하고 있다면 노션의 활용도는 좁아지고, 개인 스케줄

관리와 메모장 그 이상도 그 이하도 아니게 되는 것이다. 이런 경우에는 개인이 익숙한 툴을 사용하면 되는 것이지 굳이 노션을 사용할 필요는 없다. 오히려 노션에서 제공하는 템플릿에 맞추고 기능을 활용하느라 업무에 방해가 될 수도 있다.

장점	① 사용자의 직무, 세부 태스크에 맞춰 자체적으로 제공되는 다양한 템플릿을 통한 편리한 협업과 프로젝트 관리 ② 슬랙과 함께 사용 시 시너지를 높일 수 있음
단점	① 협업 빈도가 높지 않은 업무에 대해서는 활용도가 낮음. 예쁜 메모장에 불과함

2. 직접 커뮤니케이션 툴: 보이스·비디오 커뮤니케이션

줌(Zoom)

줌은 코로나19로 인해 촉발된 언택트, 재택근무 시대에 가장 대표적인 화상 채팅 서비스다. 2020년 초만 해도 하루 기준 애플 앱스토어 글로벌 다운로드가 5만 6,000회에 불과했지만 2월 말에는 231만 회로 약 40배 가까이 성장했다. 우버나 존슨앤드존

슨 같은 글로벌 기업은 물론 국내에서도 기업과 교육 현장에서 활발하게 사용 중이다.

❶ 줌의 장점 1: 화상 회의에 적합한 안정적 서비스

줌은 화상 회의에 꼭 필요한 기능을 안정적으로 제공하고 있다는 점이 장점으로 꼽힌다. 화상 회의의 핵심은 바로 화면과 음성이 원활하게 작동하는 것인데, 이런 면에서 줌은 구글 미트나 스카이프에 비해 안정적이고 퀄리티가 좋다는 평을 받고 있다. 한 사용자는 50명이 두 시간 동안 세미나를 진행했는데도 전혀 문제를 발견하지 못했다고 평가했다. 화면과 음성 퀄리티에 관해서는 신뢰도가 높다고 할 수 있다.

❷ 줌의 장점 2: 제한적인 무료 서비스

웬만한 화상 회의는 무료 버전으로 다 해결할 수 있다는 점 또한 줌의 장점으로 꼽을 수 있다. 1:1 미팅에서는 무제한으로 서비스 이용이 가능하며, 참가자가 3인 이상인 경우에는 40분이라는 시간 제한이 있지만 최대 100명까지 동시 참가가 가능하다. 40분이라는 시간 제한이 갑갑하게 느껴질 수도 있으나 경우에 따라 회의가 늘어지는 것을 방지하고 텐션을 높이는 장치로 작용하기도 한다. 그리고 40분이 지나 회의가 강제로 종료되더라도 다시 링크를 생성하면 된다. 이런 번거로움이 싫다면 유료 플랜을 이용할 수 있는데, 호스트당 월 14.99달러, 한화로 약 1만

9,000원에 불과하므로 경제성도 갖춘 셈이다.

❸ 줌의 장점 3: 화상 회의 운영의 편리

화상 회의 운영과 참가 또한 편리하다. 우선 운영자인 호스트 입장에서는 링크를 생성하고 문자나 메신저로 공유하는 방식으로 참가자를 초대할 수 있다. 또한 대기실 기능을 통해 자격 없는 사람의 참가를 제한하거나, 일정 참가자의 수가 확보될 때까지 참가자들을 모아두는 것도 가능하다. 회의가 시작된 후에는 진행 상황에 따라 참가자들의 비디오·오디오를 on/off 할 수 있으며, PPT 장표나 휴대폰 화면 등 다양한 화면을 공유하고 화이트보드 기능을 통해 일종의 판서를 하는 것도 가능하다.

참가자 입장에서도 별도의 로그인이나 프로그램 설치 없이 미팅 링크만 공유받으면 바로 화상 회의에 참여할 수 있으므로 매우 간편하다(단, 스마트폰에서는 앱 다운로드가 필요하다). 또한 화면 구성을 나에게 맞는 방식으로 조절할 수 있고, 혹시라도 남들에게 내 사적인 공간을 보여주고 싶지 않은 경우에는 크로마키처럼 가상 배경을 설정하거나 비디오 화면을 이미지로 대체할 수도 있다.

최근에는 줌 사용자가 폭발적으로 증가함에 따라 줌바밍(Zoombombing)과 같은 사고가 종종 벌어지고 있다. 줌바밍은 줌(Zoom)과 폭격을 뜻하는 바밍(Bombing)의 합성어인데, 초대받지 않은 사람이 무단으로 화상 회의에 들어와 방해하는 행위를 의미한다. 줌 측에서 보안 대책을 마련하겠다고 했지만, 원격근무를 도입하는 조직에서도 줌을 이용할 경우 비밀번호와 대기실을 설정하는 등 보안에 더욱 신경을 써야 할 것이다.

장점	① 화면과 음성 연결이 안정적이고 퀄리티가 높음 ② 일상적인 회의는 무료 버전으로도 해결이 가능함 ③ 회의 초대와 참가가 쉽고 편리함 ④ 화면 공유, 판서 등 화상 회의에 적합한 기능들을 갖추고 있음 ⑤ 가상 배경 설정을 통해 참가자의 프라이버시를 보호할 수 있음
단점	① 줌바밍 이슈가 있어 회의 생성 시 보안에 대한 주의가 필요함

행아웃/행아웃 미트(Hangout/Hangout Meet)

행아웃/행아웃 미트는 구글이 제공하는 화상 채팅 툴이다. 행아웃은 구글 개인 계정을 기반으로 최대 25명이 무료로 참여할 수 있고, 행아웃 미트는 G Suite를 구독하는 기업 계정을 기반으로 요금제에 따라 250명까지 참여가 가능하다.

행아웃/행아웃 미트로 화상 회의를 생성하는 경우, 운영자가 참가자들의 구글 아이디(g-mail)로 초대 메일을 보내는 형식

으로 진행된다. 기본적인 기능은 줌과 대동소이하고 화면 공유
도 가능하지만 줌의 화이트보드 같은 기능이 없어 단순 공유만
할 수 있다.

또한 구글에서 제공하는 서비스이므로 구글 캘린더와 연
동할 수 있으며 구글 폼, 구글 시트 등 구글의 다양한 서비스와
호환이 가능하다.

요약하자면 구글의 패키지를 이미 사용하고 있는 기업에
서 재택근무를 도입할 경우 가장 먼저 고려할 수 있는 툴이라고
할 수 있다.

장점	① 구글 서비스를 주로 사용하는 조직에서 재택근무를 도입할 경우 가장 적합한 화상 채팅 툴이며 줌과 기능적으로 큰 차이가 없음 ② 구글 폼, 구글 시트, 구글 캘린더 등 구글 프로그램과의 연계성 좋음
단점	① 화이트보드 기능이 없어 화면 공유 및 메모는 불가능. 단순 공유만 가능

슬랙 콜(Slack Call)

슬랙에 내장된 화상 채팅 툴로, 잘 알려지지 않은 기능이다. 기
존에 슬랙을 활용하고 있던 조직이라면 접근성이 가장 높은 툴

이라고 할 수 있다.

슬랙 콜에서는 화면 공유는 물론, 호스트가 공유한 화면에 참석자가 간단한 표시도 할 수 있다. 또한 내부에서 이모티콘 리액션이나 채팅도 가능하다. 다만, 최대 15명으로 인원이 제한되어 있다는 점 그리고 모바일에서는 화상 채팅이 아닌, 보이스 콜만 가능하다는 것이 단점이며 일부에서는 화면 및 음성 퀄리티가 그리 좋지 않다는 평도 있다.

슬랙 콜은 기존에 슬랙을 쓰던 조직에서 소규모 인원이 캐주얼한 미팅을 할 때 가장 적합한 툴이라고 할 수 있다.

장점	① 슬랙을 활용하는 조직이라면 쉽게 접근 가능함 ② 소규모 인원이 캐주얼한 회의를 할 때 적합함
단점	① 모바일에서는 보이스콜만 가능함 ② 화면 및 음성 퀄리티가 좋지 않다는 평 있음

직원들은 어떻게 재택근무를 해야 할까?

💬 재택근무라는 근무 형태에 맞는 경쟁력을 갖춰라

사례1　매일 오전 6시에 일어나 출근 준비를 해야 했던 3년 차 직장인 A(29) 씨는 이번 주 들어서는 9시가 되기 10분 전에야 간신히 눈을 뜬다. 9시가 넘어 근무 시간이 시작돼도 상사의 업무 지시가 내려올 때까지 최대한 침대 위에서 버틴다. 업무가 한가해지는 오후 3~4시쯤에는 잠시 근무지를 이탈해 빵을 사거나 카페에 가는 등 개인 용무를 보기도 한다. "저뿐만 아니라 다 그래요. 그래도 아무도 뭐라 할 사람이 없어요."

사례2　직장인 B(32) 씨의 회사는 **일주일에 히루는 재택근무를 한다.** B 씨는 "일주일에 하루지만 주말에 붙여서 휴가처럼 금·월요일에 재택근무를 한다"며 "나흘 연속으로 회사를 가지 않으니 휴가를 보내는 듯한 기분이 든다"
고 했다.

사례3 한 부서장은 "일주일에 하루 정도 재택근무를 하는데, 눈에 안 보이
니 주변에 있는 직원들에게만 일을 시키게 된다"면서 "한번은 재택근무 중
인 직원에게 전화했는데, 화들짝 놀라면서 전화를 받길래 무슨 일인가 했는
데 나중에 추궁해보니 근무 시간에 부동산을 보러 간 것이었다"고 전했다.
그는 이어 "위에서 알면 부서 인원을 줄여도 되겠다고 판단하기에 충분한
상황"이라고 꼬집었다.

코로나19 사태로 상당수 기업이 확진자 및 접촉자 발생으
로 일시적으로 재택근무를 했거나 재량 재택근무 체제를 도입
한 가운데, 2020년 연말쯤이면 적지 않은 기업이 재택근무 당
시의 경험을 근거로 인적 구조조정에 나설 것이란 전망이 나오
고 있다.

"재택근무하니 노는 직원 딱 보여요"…… 그 끝은 구조조
정?(조선비즈, 2020. 7. 17)

　　2020년 여름, 한 언론사에서 나온 기획 기사의 일부다. 코로나19 사태가 재택근무, 유연근무제 등 보다 자유롭게 일할 수 있는 환경을 보다 빨리 기업에 정착시키게 만들었다. 그리고 대부분의 직장인들은 자유롭게 일정을 쓸 수 있다는 점에서 대체적으로 재택근무를 좋아한다. 월급 받는 직장인 입장에서 판타지를 갖고 있는 듯하다. 굳이 다 같이 있지 않아도 기술의 발달로 재택근무를 포함한 유연근무제가 가능해졌는데, 기존 업무 방식은 구닥다리고 재택근무가 개개인에게 효율적인 시간 운영과 업무 효율성을 가져다주는 '무조건 좋은 것'처럼 이야기되고 있다.

　　하지만 무턱대고 좋아할 만한 일인지 모르겠다. 환경이 그렇게 바뀐다는 것은 앞으로 몇 년 동안 보다 더 성과 지향적으로 냉정하고 객관적으로 직원들을 평가하는 기반이 마련된다는 의미로, 조직 성과에 기여하는 사람들과 유휴 인력을 명확하게 파악 가능하게 된다는 것을 의미하기 때문이다. 능력이 없으면 더 이상 사무실에 엉덩이 붙이고 앉아 있는 성실함이나 내부 조직원들 사이의 인간미나 사교성 혹은 무능을 가려주는 연차 등으로는 조지에서 버틸 수 없다는 뜻이다. 이게 공정하고 정확하다는 점에서 대부분의 사람들은 대환영이다. 그러나 자기 자신의 일이라고 생각하면 완전히 다르며 자신의 외부 경쟁력까지 객관적으로 인식하고 살아가는 직장인들이 얼마나 될까 싶다. 장기적인 경제 침체와 더불어 이런 변화 속에 과연 경쟁력으로 살아남을 수 있는 직장인이 얼마나 될까?

이미 구조조정은 시작되었다. 디지털 산업혁명과 경제 침체는 충분히 예견된 부분이었고, 단지 코로나19는 구조조정의 명분을 주었을 뿐이다. 그리고 누군 재택근무가 필요하고 누군 필요 없는지에 대한 명확한 기준을 마련해주었다. 경영진과 팀장, 관리자급 입장에서 개인별로 업무 보고를 받는 일이 많아졌기 때문에 각각의 성과가 명확히 보이고 '무임승차자'를 걸러내기 쉬워졌다.

재택근무를 잘하기 위해 반드시 필요한 사항

직원 입장에서 재택근무를 아무 문제 없이 하기 위해서는 다음과 같은 것이 필요하다.

말로만 들으면 참 당연한 말이고 하기 쉬울 것 같은데, 직접 해보면 다르다.

주위의 시선과 압박이 없는 상태에서 사무실에서 근무할 때와 동일한 업무 집중도를 보일 수 있는지가 첫 번째다. 대부분 자신은 잘해낼 것 같은데, 그런 게 있을 때와 없을 때를 직접 겪어보면 자신이 지금까지 능동적으로 일했었는지 수동적으로 일했었는지 객관적으로 알게 된다. 이어지는 이야기인데 자기 시간 관리, 즉 자기 관리가 철저한 스타일이 아니면 스스로 계획과 목표를 세워 업무를 진행하는 것이 만만치 않다는 것을 느낀다. 여기에 다른 사람들과 협의한 대로 정해진 일정에 맞춰 퀄리티 있는 성과를 계속 내야 하는데, 사무실에 있으면 수시로 사람들끼리 조율해서 업무 중 발생하는 이슈들에 실시간으로 대응하며 해낼 수 있지만 재택근무를 하면 상대적으로 스스로 책임지고 해내야만 하는 범위가 훨씬 더 넓어진다.

무엇보다도 사무실 대비 주위에 신경을 분산시킬 요소가 다분한 재택근무 환경상 그 속에서 나만의 효율적인 재택근무 방법을 찾아내 습관화하는 시간이 필요하다. 극단적인 경우, 처음에는 재택근무를 좋아했다가 오히려 사무실로 출근하고 싶다는 사람들도 보았다. 특히 집안일을 분리시킬 수 없는 직장인들은 업무에 집중할 수가 없어서 더욱 힘들어 했다. 또한 직장 생활과 사생활의 구분이 모호해지는 면이 있어서 워라밸을 중시하는 사람들에게는 힘든 부분이 될 수 있다.

재택근무에 대해 객관적인 기대치를 가지고 각자 고민해서 방법을 찾아보자는 의미로 이야기해보았다. 재택근무에 대한 판타지를 버리고 이런 문제점에 대해 충분히 미리 생각해본다면, 재택근무의 장점을 충분히 활용할 수 있는 노하우를 갖게 되지 않을까 싶다.

더 큰 성장을 위해 기업이 선택할 수 있는 작지만 큰 변화, 재택근무

재택근무와 관련해서 가장 의미 있는 시장 변화는 바로 오프라인 사업이 저물고 모든 산업에서 온라인과의 접목이 필수가 되는 상황이 벌어지고 있다는 것이다.

2000년대 초반의 닷컴 열풍이 기업 내부 시스템의 전산화와 고객 소통 창구로서의 웹의 기능을 기업에 접목시켰다면, 2007년 아이폰의 등장은 모바일 열풍을 이끌며 새로운 성장 산업으로서의 IT 시대를 열었다. 하지만 2010년대 중반 이후 온라인은 기존 오프라인 비즈니스의 성장성과 안정성에 심각한 생채기를 냈다. 유통 산업은 이미 온라인의 규모가 더 커졌고, 자동차 및 운송 산업은 공유 경제와 AI에 기반한 모빌리티 서비스로 변화하고 있으며, 절대적으로 오프라인 중심이었던 식당이나 각종 대인 서비스 산업조차 온라인 플랫폼들에 장악되었다. 예전에는 IT 회사나 게임 회사 등에서 보이던 개발자와 디자이너들이 어느 순간 거의 모든 산업 영역에서 핵심 인력으로 부상하고 있는가 하면 사업 구조의 핵심에 온라인을 놓지 않으면 경쟁력이 없는 '구식' 업체가 되어버리는 세상이 되었다. 그로 인해 기술 인재들을 스타트업에 빼앗기지 않기 위해, 또 기존의 인력들에게는 좀 더 유연한 사고를 요구하기 위해 기업들이 하나둘 유연근무제 등으로 기업 문화를 바꾸려고 시도해왔다.

그러던 중 코로나19가 터졌고, 삽시간에 오프라인의 온라인화는 기업의 성장이나 혁신 전략이 아니라 생존 전략이 되어버렸다. 이에 대응할 수 없는 업체들은 이미 파산하기 시작했다. 그리고 코로나의 여파가 지속될수록 그 규모는 기하급수적으로 커지게 될 것이다. 카카오의 시가 총액이 현대자동차를 넘어서는 것이 상징하듯 처음부터 온라인 업체였거나 온라인화에 대한 대응을 마친 기업들에는 이보다 더 좋을 수 없는 성장의 기회가 열리고 있다.

하지만 기업체는 어떻게 해서든 살아남아야 한다. 경쟁사가 더 좋은 인재를 영입하고, 더 많은 영업 기회를 가져가고, 더 높은 브랜드 네임을 쌓는다면 그 여파는 코로나로 사업장을 제대로 운영하지 못하는 것보다 더 큰 충격이 될 것이다.

재택근무는 이러한 변화에 대해 기업체가 능동적으로 선택할 수 있는, 작지만 분명히 큰 변화다. 사무실에 앉아 상사 눈치 보고, 윗사람 퇴근 시간만 쳐다보고, 상사의 기분에 따라 불필요한 서류 작업을 하느라 야근하며 시간을 낭비하는 것이 아니라 기업이 나아가는 방향에 맞춰 경쟁력을 갖추고 성장하고 고객이 만족할 수 있는 포인트를 생각할 시간과 공간이 직원 개개인에게 필요한 시기가 되었다. 재택근무는 이런 변화를 이끌어낼 수 있는 가장 손쉬운 도구다.

물론 협업과 실적 관리를 위한 시스템도 필요하고, 직원들에게 업무를 적절히 분배하고 성과를 모으는 팀장과 중간관리자들의 역량도 필요하다. 또한 직원들의 이런 노력이 헛되이 소진되지 않도록 명확한 비전을 제시하는 경영진의 시각도 필수적이다. 이런 점들이 준비되지 않은 상태에서 강제로 시작된 재택근무였기 때문에 2020년 2~3월의 재택근무 경험은 경영진이나 팀장, 중간관리자들에게는 씁쓸한 경험으로 남아 있을 것이다. 그러나 재택근무의 장점을 맛본 직원들은 다시 재택근무를 희망하고 있다. 기업은 기업대로 어차피 온라인화의 변화를 이끌기 위해서는 이미 시장에서 영입 경쟁이 치열한 인재들을 데려와야 할 것이다.

　재택근무 그 자체가 성과를 만들어내거나, 기업에 매출을 가져다주지는 않는다. 도입 과정에서의 혼란도 피할 수 없다. 하지만 이 혼란스러운 시대에도 기업은 살아남아야 하고, 성장해야 한다. 다시 한 번 말하건대, 재택근무는 이 방향으로 기업을 이끌고 갈 수 있는 가장 손쉬운 도구다. 따라서 전면적 도입까지는 아니더라도 우리가 이를 어떻게 활용할 것인가에 대해 충분히 고민해야 할 때다.